紧密型县域医疗卫生共同体建设典型案例 2025

国家卫生健康委员会基层卫生健康司
国家卫生健康委卫生发展研究中心 组织编写

人民卫生出版社
·北 京·

图书在版编目(CIP)数据

紧密型县域医疗卫生共同体建设典型案例．2025 / 国家卫生健康委员会基层卫生健康司，国家卫生健康委卫生发展研究中心组织编写．-- 北京 ：人民卫生出版社，2025. 8（2025. 12重印）．-- ISBN 978-7-117-38448-3

Ⅰ. R199. 2

中国国家版本馆 CIP 数据核字第 2025V039G0 号

人卫智网	www.ipmph.com	医学教育、学术、考试、健康，购书智慧智能综合服务平台
人卫官网	www.pmph.com	人卫官方资讯发布平台

紧密型县域医疗卫生共同体建设典型案例 2025

Jinmixing Xianyu Yiliao Weisheng Gongtongti Jianshe Dianxing Anli 2025

组织编写：国家卫生健康委员会基层卫生健康司
国家卫生健康委卫生发展研究中心
出版发行：人民卫生出版社（中继线 010-59780011）
地　　址：北京市朝阳区潘家园南里 19 号
邮　　编：100021
E - mail：pmph @ pmph.com
购书热线：010-59787592　010-59787584　010-65264830
印　　刷：北京建宏印刷有限公司
经　　销：新华书店
开　　本：710 × 1000　1/16　**印张**：13
字　　数：187 千字
版　　次：2025 年 8 月第 1 版
印　　次：2025 年 12月第 2 次印刷
标准书号：ISBN 978-7-117-38448-3
定　　价：59.00 元

《紧密型县域医疗卫生共同体建设典型案例 2025》编委会

前 言

紧密型县域医疗卫生共同体（以下简称“县域医共体”）建设，旨在通过建立县域内医疗机构之间分工协作机制、双向转诊机制和激励约束相容的共享机制，推动人员、服务、技术、管理协同共享，实现医疗机构间服务和管理一体化运作，提高资源配置和利用效率，为人民群众就近就便就医提供更加公平可及、多层次、系统连续的医疗卫生服务体系。2023 年 12 月 29 日，国家卫生健康委等十部门印发《关于全面推进紧密型县域医疗卫生共同体建设的指导意见》以来，紧密型县域医共体建设持续、全面推进。

紧密型县域医共体建设是一项全面、综合的改革措施，全面推进此项工作需要不断树立典型，示范引领各地工作行稳致远。因此，2021—2024 年，国家卫生健康委员会基层卫生健康司和国家卫生健康委卫生发展研究中心连续四年编辑出版《紧密型县域医疗卫生共同体建设典型案例》。今年，我们继续通过发函征集、地方推荐和现场调研等形式，收集了 30 个省（自治区、直辖市）和新疆生产建设兵团 300 余篇稿件。通过专家精心梳理、筛选和编辑，本书共纳入 21 个省（自治区、直辖市）43 篇典型案例，共五个部分：省级与地市级高位推动，全面推进紧密型县域医共体建设（9 篇）；以人员为核心推动“四个”下沉，建立基层药品联动管理机制（9 篇）；综合施策，完善县域医共体管理体制和运行机制（8 篇）；推进医保支付方式改革，加强绩效考核（8 篇）；加强信息化建设，推进基层首诊与双向转诊（9 篇）。各部分按照行政区划排序。

感谢各地卫生健康行政部门人员、县域医共体管理者和有关专家一如既往地积极提供典型材料，感谢各位专家对典型案例的精心筛选。我们将继续围绕紧密型县域医共体建设工作编写典型案例，欢迎各地踊跃投稿。鉴于时间和水平所限，本书难免存在不足之处，敬请各位读者提出宝贵意见。

国家卫生健康委员会基层卫生健康司

国家卫生健康委卫生发展研究中心

2025 年 6 月

目　录

第一部分　省级与地市级高位推动，全面推进紧密型县域医共体建设

第二部分　以人员为核心推动“四个”下沉，建立基层药品联动管理机制

第三部分　综合施策，完善县域医共体管理体制和运行机制

第四部分　推进医保支付方式改革，加强绩效考核

第五部分　加强信息化建设，推进基层首诊与双向转诊

第一部分

省级与地市级高位推动，
全面推进紧密型县域医共体建设

点面结合　协同发力
着力打造医共体模式下慢性病管理新路径

河北省卫生健康委

近年来，河北省以紧密型县域医共体为纽带，积极发挥基层医疗卫生机构贴近居民优势，率先以高血压、糖尿病为突破口，建立资源整合、协同发展、责任共担、利益共享的慢性病防治网络，进一步提升县域慢性病管理能力和连续性服务水平，取得较好成效。

一、主要做法

（一）先行先试，试点引领慢性病规范化管理

2024 年，河北省创新开展县域医共体慢性病管理能力提升省级试点工作，经过县级申报、市级推荐、专家会审，遴选确定 12 个县级党委政府高度重视、医共体建设工作扎实、医疗卫生机构信息化建设有一定基础的县（市、区）作为首批试点，探索建立覆盖“防、筛、诊、治、管”全流程的慢性病协同管理体系。同步印发《县域医共体慢性病管理能力提升省级试点工作指导方案》，指导试点地区开展高血压、糖尿病医防融合健康管理，提升高血压、糖尿病患者健康水平和生活质量。

（二）细化标准，健全医共体慢性病管理组织架构

推动各试点县（市、区）成立由牵头医院院长或分管院长任主任、所有成员单位主要负责人为成员的医共体慢性病管理委员会，下设慢性病管

理中心，其他县级医院和乡镇卫生院分别设立慢性病管理分中心，将村卫生室作为延伸点纳入辖区乡镇卫生院管理，建立和完善慢性病防治网络。试点县医共体慢性病管理中心均设置独立办公场所，配备必要的办公设备、设施，细化完善高血压、糖尿病筛查流程，高危人群诊断性检查方案、规范化诊疗流程图、个性化生活方式干预方案、档案管理以及健康教育与健康促进等方案，建立健全高血压、糖尿病规范化管理制度和流程。

（三）精准定位，构建县乡村三级慢性病防治网络

试点县（市、区）依托医共体县级医疗机构规范建设县域慢性病管理中心，明确功能定位和职责任务，构建覆盖县、乡、村三级慢性病防治网络。县级医院提供专业的慢性病诊疗服务，提高居民健康水平和生命质量，提升慢性病管理中心知名度，增加居民就诊黏性。基层医疗卫生机构发挥“健康守门人”的第一道防线作用，对有基础疾病或慢性病高危因素的人群开展筛查，对确诊的慢性病患者开展健康管理和健康指导，打通上下转诊通道，逐步提高常见慢性病的知晓率、治疗率和控制率。香河、故城等试点县依托家庭医生签约团队，走访入户宣讲，对符合慢性病诊断的人群摸排建档，定期巡诊、送药上门，提供个性化治疗和生活方式指导。

（四）医保协同，探索建立激励约束长效机制

试点县（市、区）医保基金按照“县域内 + 县域外、城乡居民 + 城镇职工、住院 + 门诊”的全口径进行打包，实行结余留用、超支分担政策，有效调动医共体内医疗机构主动预防、主动控费、主动规范慢性病管理的积极性。例如，饶阳县在慢性病管理中心设立慢性病筛查点，免费为群众测量血压、血糖，并推出慢性病 30 元筛查特惠体检项目；藁城区对辖区内 35～64 岁的居民免费进行血压、血糖、心电图、肺部 CT 等健康检查，开展冠心病、高血压、糖尿病等重点慢性病筛查。同时，多地打造医保结算一站式服务，加强慢性病中心现场收费窗口服务，提供高效快捷的医保结算服务，实现慢性病就诊及医保结算的一站式服务模式，方便患者就医。

（五）数字赋能，强化医防融合信息化支撑

多个试点县（市、区）探索建立慢性病管理信息系统，加快实现慢性病管理信息系统与基本公共卫生服务、居民健康档案、家庭医生签约服务、健康体检等系统数据互通互认，充分整合区域内县、乡、村医疗资源，打造更加便捷、高效、智慧的慢性病健康服务模式。如清河县搭建了紧密型县域医共体慢性病管理信息系统，实现患者信息的互联互通和实时共享，基层医务人员可以通过系统随时查阅患者的诊疗记录、检查检验结果等信息，为精准诊断和个性化治疗提供依据。南皮县自主研发县域慢性病管理平台，实现县、乡两级医疗机构医疗信息化系统［医院信息系统（HIS）、实验室信息管理系统（LIS）、影像归档和通信系统（PACS）、电子病历（EMR）］的统一，为县域慢性病患者管理提供精准的管理效果分析。

（六）全面发力，统筹推进两病规范化管理路径

2024 年 8 月，针对县乡慢性病管理不系统、不规范的情况，河北省卫生健康委印发《紧密型县域医共体模式下高血压规范化管理路径参考》《关于紧密型县域医共体模式下糖尿病规范化管理路径参考》，推动所有县（市、区）细化医共体内各级医疗机构功能定位，从高血压、糖尿病的筛查、诊断、评估、治疗以及转诊等环节提出规范化管理路径遵循。部分试点县在两病规范管理基础上，拓展慢性病管理病种，实现“三高共管”“六病同防”。

二、建设成效

（一）医共体慢性病管理能力稳步提升

2024 年，河北省 140 个县（含所有 97 个县、21 个县级市和有条件的 22 个市辖区）全面推进紧密型县域医共体建设，共组建医共体 201 个，其中，79% 的紧密型县域医共体均成立了慢性病管理中心。全省有

25 家县级医院通过国家县域慢性病管理中心评审，占全国通过评审单位的 30.86%。通过评审县级医院主要慢性病患者纳入管理数量显著增长，主要慢性病患者复诊比例均高于全国平均水平，有效提升了慢性病患者生存质量。

（二）县域慢性病管理监测指标明显改善

2024 年，全省试点地区高血压患者基层规范管理率达到 76.4%，2 型糖尿病患者基层规范管理服务率达到 75.9%，同比分别增长 0.9 和 1.2 个百分点；管理人群血压控制率达到 69.4%，管理人群血糖控制率 67.8%，同比分别增长 1.7 和 1.4 个百分点，并发症发生率控制在 54% 以内。

（三）患者回流县域下沉基层趋势向好

2024 年三季度，全省基层医疗卫生机构诊疗人次占比达到 66.83%，同比增加 17.59 个百分点，县域内就诊率增加 0.55 个百分点，县域内基层医疗卫生机构医保基金占比同比增加 0.14 个百分点。试点地区基层医疗卫生机构诊疗人次占比达到 67.64%，同比增加 21.26 个百分点，医共体两病（高血压、糖尿病）患者门诊数量增加 4.1%，住院数量增加 3.2%，患者复诊率上升 9.8%。

（四）县乡两级医疗服务能力提升明显

2024 年，试点地区牵头医院出院患者三四级手术比例达到 60.78%，同比增加 2.02 个百分点，县级医院累计帮助基层开展新技术、新项目数达到 1 094 个，同比增加 875 个。2024 年，试点地区通过慢性病管理渠道上转患者 1.5 万人，下转管理服务对象 0.7 万人，推动形成“基层首诊、双向转诊、急慢分治、上下联动”的就医格局。

（五）县域慢性病管理服务模式多点开花

南皮县通过“义诊与公卫体检一体化服务”“院企共建”“院校共建”“专病筛查”等多种方式，将筛查出的“两病”患者纳入慢性病管理系统进行规范化管理。香河县将中医药适宜技术与慢性病管理相结合，为患者提供针灸、推拿、艾灸、中药熏蒸等中医特色治疗。清河县创建集患者建档、就诊、报销、取药、药物指导、随访为一体的服务中心，避免了患者反复排队，同时为患者提供院前、院中、院后，线上、线下统一的一体化服务，实现以患者为核心的就诊全流程提醒。

聚焦人员下沉　开展定制帮扶
着力提升县级医疗集团综合能力

山西省卫生健康委

山西省作为中部欠发达省份，70% 以上的人口居住在县域，其县（市、区）行政设置具有区划多而分散、人口少而不均的特点，全省 117 个县（市、区）中，人口不足 10 万的县有 16 个、10 万～20 万的县区有 31 个、20 万～30 万的县市区有 30 个、30 万以上的县市区有 40 个，县域优质医疗资源短缺、发展供给不平衡不充分的问题比较突出，县级医疗机构标准化建设和能力提升的任务迫切而艰巨。山西省卫生健康委深入贯彻落实省委、省政府“推进以县城为重要载体的城镇化建设”决策部署，持续深化县域医疗卫生一体化改革，聚焦县级医疗集团牵头医院能力提升，全面实施“千名医师下基层”三年行动，强化精准帮扶力度，促进城市三级医院优质医疗资源下沉，助力一体化改革不断取得新成效。

一、主要做法

（一）定制式输血，谋深谋实三年行动

聚焦目标。坚持强县域、强基层导向，紧扣“每个县要有 1～2 所好医院”的目标，着眼建强县级医疗集团牵头医院龙头，谋深谋实“千名医师下基层”行动。**明确路径**。印发实施《山西省“千名医师下基层”工作方案（2023—2025 年）》，召开“全省县级医疗机构能力提升暨‘千名医师下基层’工作动员部署会”，全面部署，全员发动，全力推进。**分步实**

施。坚持省级统筹、市县负责、医疗机构实施，2023—2025 年，每年从全省三级医院抽调 1 000 名以上高年资中级及以上职称医师和卫技人员深入全省县级医疗机构，帮助县医院补短板、提能力，建强分级诊疗体系的县域龙头，努力实现一般病在市县解决的目标。

（二）组团式支援，统筹配强下沉力量

全面统筹全省优质医疗资源，依托医联体、专科联盟和省级质控中心平台，采取组团式支援方式，实行“五个一批”：**一是对口帮扶派出一批**。以“万名医师支援农村卫生工程项目”和“城市三级医院对口支援县级医院”工作为依托，从全省三级医院抽调一批高年资中级职称医师和卫技人员开展对口帮扶工作。**二是聘用退休专家进驻一批**。县级医疗机构按照“公开、公平、双向、择优”的原则，从支援医院聘用一批高级职称且符合相关条件的退休医务人员，担任相关学科带头人、科主任等职务，负责组建专科团队，通过引进开展新技术、新业务，全面提升团队在常见病和多发病诊治、急危重症处置以及预防保健、康复与慢性病管理等方面的能力水平。**三是组建专科团队下沉一批**。根据受援医院专科发展需求，支援医院采取“科对科”模式，组织医生团队和护理团队下沉受援医院，手把手进行传帮带，提升受援医院专科整体医疗服务能力。**四是志愿者服务鼓励一批**。支援医院通过宣传引导，鼓励一批医师和卫技人员积极参加志愿者服务，通过组建志愿者服务团队，开展义诊、会诊、学术讲座、教学查房等形式，提升受援医院规范化诊疗、危重病症及疑难杂症诊断和处理能力。**五是巡回专家组指导一批**。组建省级巡回指导专家组，每年开展一次巡回指导工作，重点指导建设医院。各市、支援医院参照省级模式，组建县级医疗机构能力巡回指导专家组，按照属地管理原则和对口支援关系，每半年开展一次巡回指导工作，及时发现并解决工作中存在的问题和不足。

（三）项目式推进，建立健全长效机制

为确保派驻人员“下得去、沉得住、帮得好”，着力建好“四个机制”：**建立工作落实机制**，省级成立工作专班，纳入全委抓落实重点项目，定

期调度，跟进指导。**建立人员管理机制**，依托“千名医师下基层”人员动态管理系统，健全“行政部门定期检查、支援单位平时督查、受援单位日常考核、派驻队员相互自律”的管理机制。**建立考核评价机制**，每年年底对县级医疗机构帮扶成效和对口支援人员工作情况开展绩效考核，做到奖优罚劣，落实帮扶目标。**建立激励保障机制**，保障派出人员原工资、基础和奖励性绩效等待遇，参照国家卫生健康委“万名医师支援农村卫生工程”项目补助标准（每人每年 2.4 万），协调省财政厅给予“千名医师下基层”人员每人每年 2.4 万元工作补助，落实下基层职称评审、职务聘任倾斜等政策。

（四）精准式对接，不断拓展帮扶实效

支援医院根据受援医院的实际需求，建立“一对一”或“多对一”精准对接模式，通过开展多种形式的帮扶，帮助受援医院建强一批临床专科、带出一批骨干人才、填补一批技术空白、完善一批管理制度，确保帮扶取得实效。**签订协议明权责**。按照定单位、定责任、定目标、定任务、定考核、定待遇“六定”原则，组织支援医院、受援医院、县级人民政府签订对口帮扶协议书，进一步从法理上明确各方的责任和义务。**“一院一案”定路径**。根据受援医院自身条件和实际情况，制定建设方案和专科帮扶计划，建强一级科室、健全二级科室，实现基础专科全覆盖，按标准补齐临床重点专科或特色专科。**集团管理促延伸**。发挥县级医疗集团资源和人员一体化管理优势，依托县医院建设县域影像、心电诊断、检验、病理、消毒供应资源共享五大中心和中心药房，加强集团内资源共享。坚持输血和造血并举，开展常态化巡回医疗基层全覆盖，建立上级医院医师派驻乡镇卫生院、基层人员到上级医院培训“双向流动”机制。**精准施策显成效**。2024 年，选派 46 所三级医院医务人员 2 500 余人次，深入 171 所县级医疗卫生机构开展驻点帮扶，提供门诊诊疗 60 余万人次、住院巡诊 6.5 万人次，帮助基层开展适宜新技术新项目 387 项，助力 18 所县级医院达到三级医院服务能力。117 个县级医疗集团牵头医院的 1 102 名医师派驻到基层开展驻点执业和帮扶带教工作，988 名基层医疗卫生机构工作人员赴牵头医院进行为期不少于 3

个月的进修培训，基层医疗服务网底不断夯实。2024 年县域内基层医疗卫生机构医保基金支出率较上年提升 2.05 个百分点，表明医共体内患者“下沉基层”取得较好的成效。

二、经验启示

（一）党建引领是根本

“千名医师下基层”行动之所以取得实效，得益于省卫生健康委将党建与业务工作相融合，充分发挥支援医院党委的风向标作用，以群众健康需求为导向，创新卫生健康服务模式，深入推进优质医疗资源下沉流程再造，把党的政治优势转化为县域医疗卫生一体化改革优势和发展实效。

（二）“输血”“造血”并重是关键

在优质医疗资源下沉的过程中，单纯的“输血”并不能彻底改变基层基础相对薄弱和医疗服务水平不高的难题。因此，改革过程中，从“输血”转变为“造血”是各级政府、卫生健康行政部门和县域医疗卫生一体化改革更应重视的关键点。

（三）人才队伍建设是前提

医疗资源下沉的目的是强基层，而强基层的关键是强人才，进而才能强技术、强学科、强体系。因此，必须依托县域医疗卫生一体化改革，完善人事薪酬制度，建立基层医疗卫生机构医疗技术骨干“引、育、用、留”的长效稳定机制。

立足“三基”　守正创新
构建江苏特色紧密型县域医共体

江苏省卫生健康委

江苏省因地制宜深入学习三明医改经验，在 2019 年全省 24 个县区纳入国家先行试点基础上，2021 年起全面推进县域医共体建设，2022 年实现建设县区全覆盖的目标，同时创造性地开展医共体建设，把国家规定的方向和要求，细化为易操作、有成效、可推广的具体运行管理机制，打造“东台模式”等全国先进典型，推动江苏省紧密型县域医共体建设乃至基层卫生健康发展水平位居全国前列。

一、主要做法

（一）以持续加大政策保障力度为基础

从部门联合，省委、省政府文件到地方立法，适时层层提高政策保障水平。2021 年，经省政府同意，省编办、发展改革委、财政、人社、卫生健康、医保六部门联合印发《关于全面推进紧密型县域医疗卫生共同体建设的实施意见》，确定将全省 76 个涉农县区中的 69 个纳入县域医共体建设范围，其他 7 个非主要涉农区主要建设城市医联体；2022 年，印发《关于开展县域医共体建设发展水平监测评价工作的通知》；2023 年，省委、省政府办公厅印发《关于进一步深化改革促进乡村医疗卫生体系健康发展的实施意见》，省人大立法通过《江苏省基层卫生条例》，把县域医共体建设提升到五级党委来抓和法律层面保障；2024 年，省政府印发《进一步完善医疗卫生服务体系实施方案》，配套制定县域医共体建设重点任务落实清单。通过系列政策明确县域医共体建设发展方向目标、路径措施和核心指标，指导把控地方建设发展。

（二）以构建鲜明江苏特色医共体为基调

立足省情实际，因地制宜、求真务实。在管理体制运行机制上，强化“地方党委政府主策、卫生行政部门主谋、相关部门深度参与协同、医管中心主日常运行、信息化主资源统筹利用、各级各类医疗卫生机构主服务、绩效评价主建设发展方向”的医共体建设管理运行发展模式。在组建方式上，除了可由二级以上医疗机构（县医院、县中医医院）牵头，也支持由农村区域性医疗卫生中心牵头组建县域医共体。在内部关系上，允许县域医共体成员单位动态调整，进而促进牵头医院和各成员单位建立更加紧密的合作关系，对不能实现建设目标的，及时进行调整，形成约束机制。在支撑资源上，基层机构可根据自身发展需要，对接县域外二级以上医院临床重点科室（特色科室孵化中心），建立科室对科室的帮扶合作机制。

（三）以信息化“十大中心”建设赋能为基础

按照“省统筹规划建设、市组织推广、县实施应用”的思路，实施县域医共体“十大信息中心”建设。制定出台全省统一的县域医共体信息化建设《业务规范》《技术开发指南》和《数据标准》，采取省级招标统建+地方新（改扩）建相结合的办法，加快推动县域医共体信息化“十大中心”建设全覆盖。

（四）以推动医保基金总额打包付费为关键

切实发挥医保基金在县域医共体建设中的利益纽带和调控患者就医流向的关键作用。明确到“十四五”末，不少于 20 个涉农县区基本建成以县级公立医院为龙头、基层医疗卫生机构为主要成员单位、医保总额打包付费政策为纽带的紧密型县域医共体。加强异地就医医保基金支付份额监测分析与管理，推动医保报销目录增设基层适宜卫生服务项目，切实提升基层医疗卫生机构医保基金支出占比。

（五）以实现分级诊疗体系目标为导向

聚焦“大医院控得住、基层放得开”，以县域医共体建设为突破口，通过提高基层在县域医共体建设中对优质资源利用的话语权和增强基层岗位吸引力，来统筹优化县域内医疗卫生资源配置下沉。严格界定和落实大医院功能定位，控制无序扩张和提供非急诊患者诊疗量比例。推行首诊负责制和转诊审核责任制，建立以分级诊疗为导向的二级以上公立医院绩效考核指标体系，推动基层首诊、分级诊疗制度落实。

（六）以加强效果监测评价考核为指挥棒

围绕提升县域和基层服务能力与利用、医保基金下沉和缩小城乡医务人员收入差距，选取易采集、可量化、能比对、好应用的“两提升、两下沉、一缩小”5 个核心指标，建立“县域医共体建设发展水平”监测评价体系，自 2022 年起已连续 3 年纳入省乡村振兴战略实绩考核指标体系，及时动态了解和掌握各医共体运行质态，推动各地对标找差、持续改进，努力保障医共体建设发展方向不走偏。

（七）探索打造可复制推广的“四大典型模式”

1. 东台模式，全面建立医防保“四项一体化协同机制”　东台市在机构隶属关系、编制结构、财政投入等基本保持不变的前提下，因地制宜地将全市 2 个牵头医院、24 个乡镇卫生院、341 个村卫生室（站）构建成以数字化为鲜明特色的紧密型县域医共体，通过科学配置资源、再造能力，让群众更加方便、管用、实惠地享有同质化健康服务。

“一个推进专班”实现谁来治理、如何治理。坚持先立后破，在明确医共体成员单位举办主体、法人地位、机构职能、产权关系、人员身份一律不变基础上，成立市委书记、市长为“双召集人”的医共体建设推进机制，下设市卫生健康委主任为负责人、市医保局等主管部门领导参与的推进机制专班（医管中心，为正科级一类事业单位），负责医共体统筹协调、规划制定、组织推进等整体治理事务，龙头医院和基层医疗卫生机构自主开展内部治理。该机制核心是由卫生健康委牵头统筹、医保局等部门深度参与、医管中心实体化运行，实质是充分发挥政府主导作用，有效实现“三医”协同发展和治理，有利于坚持公益属性、提高治理效能、减少改革成本，从源头避免“医院管医院”可能引发的治理半径增大、权责交叉、取向不同和监管弱化等系列问题。

“一张数字云网”实现高效运行、同质赋能。以构建县域“一张数字云网”为牵引，将赋能基层的内容由“有形”的人、财、物，迭代为“无形”的优质医疗服务能力，让群众无论在哪都能同质享受“三级医院水平的健康服务”。云网包括区域检验、网络心电、影像云诊、智慧急救、远程会诊、集中审方、健康随访、医护调度、药物配供、消毒供应这数字化“十大中心”，还可以根据需要调整，用数字赋能拉平服务能力“不均衡”、服务贯通“不连续”，高效实现重心下移、资源下沉，使有限资源尽可能放大利用、发挥效益。

“一招总额付费”实现紧密协作、活力迸发。将全市职工和居民医保基金总预算剔除本地民营机构和药店预算后，包括异地就医预算在内的剩余总额一并由医管中心对医共体考核后按照绩效结算给各医疗机构，实行“按月核拨、年终清算、结余留用”。同时，医管中心对医共体各成员单位开展多维评价，据此分配结余、确定各单位绩效工资总额和主要负责人薪酬，这是保障医共体较好发挥作用的“关键一招”。一方面，结余留用和转外就医纳入“总额”，用结果导向使医疗行为逻辑从“挣治病花的钱”转变为“挣健康省的钱”、从“卷彼此的钱”转变为“挣原本去异地的钱”，降费增效、开展预防才有内生动力；另一方面，医共体对内开展“四方满意、群众健康、医疗质量、服务能力、运行效率”的多维评价，一部分指标涉及协作和健康导向，评价结果直接兑现收入，利用利益机制推动成员单位心往一处想、劲往一处使。

“一链全程跟踪”实现专病专管、医防融合。医防融合单靠大医院干不过来，单靠小机构干不成功，只有依靠体系合力才能干得“漂亮”。东台聚焦大数据分析精准筛出本地多发和危害性较强的 10 种疾病，发挥医共体的“体系”作用，在龙头医院按病种成立专病小组，乡村医疗卫生机构负责本辖区专病专管，各渠道发现的高危人群定向推送专病小组和属地乡村机构以“链式”管理实现破题。链条通过专病小组制定疾病防治个性方案、基层个性化随访干预、居民自动语音提醒复诊复查和文字推送健康指导、实时研判患者状态，对未落实健康管理举措的，属地乡村医生将人工逐个跟踪对接。

2. 南京高淳模式，以推动人员技术服务管理下沉为主　主要经验是牵头医院安排技术骨干长期到乡镇卫生院派驻，担任副院长和业务科主任，帮助乡镇卫生院打造特色科室和提升整体管理水平，努力就近解决居民常见病诊疗问题。全区乡镇卫生院推荐标准达标率提高到87.5%，县域就诊率提高到91%，近5年县域医保基金支出占比提高5.1个百分点。

3. 徐州铜山模式，组建市县乡一体的医疗集团　组建由徐州市级医院＋区级医院＋乡镇卫生院组成的大医疗集团，主要经验是既推动市级大医院优质资源下沉，又构建精准畅通的上下双向转诊通道，基层医疗卫生机构诊疗量占比由组建前的60%提高到建设后的66%，二、三级医院下转患者人次比组建前增长52.7%，基层上转患者人次比组建前下降29.7%。

4. 泰州溱潼模式，以农村区域性医疗卫生中心牵头组建区域医共体　泰州市姜堰区组建由溱潼农村区域性医疗卫生中心（溱潼中心卫生院）牵头、周边5个卫生院为成员单位的医共体，县医院负责对区域中心进行业务指导和人员培训。主要经验是机构性质相同，人财物统一管理容易实现，高效统筹集约利用农村片区医疗卫生资源。实施两年来，区域内居民就诊率达到94%，提升了14个百分点，外转患者人次下降了5.3%，区域医保基金支出占比提高了12.9%。

二、阶段性成效

（一）重点工作稳步推进

一是实现建设县区和基层医疗卫生机构全覆盖。全省69个涉农县区共组建147个县域医共体，全面覆盖所有乡村医疗卫生机构，提前实现国家提出的 2027 年紧密型县域医共体基本实现全覆盖的目标。**二是实现基层人员派驻全覆盖。**牵头医院已经选派 1 522 名主治医师及以上职称人员到 1 210 个乡镇卫生院 / 社区卫生服务中心派驻服务 6 个月以上。**三是信息化“十大中心”建设速度加快。**远程会诊、影像、检验、心电、消毒供应 5 大中心覆盖所有乡镇卫生院并向村级延伸，集中审方、智慧急救等中心覆盖 50% 以上基层医疗卫生机构。**四是医保基金总额打包付费改革有新突破。**已选定 13 个县区实施医保基金总额打包付费改革。

（二）近三年核心监测指标有所改善

一是全省涉农县区基层门急诊人次占比达 65.36%，较 2023 年增长 1.37 个百分点。**二是**县域和基层就诊率有所提升。县域就诊率由 85.70% 提升到 87.94%，提升 2.24 个百分点；县域内基层医疗卫生机构门急诊人次占比由 63.54% 提升至 67.76%，牵头医院下转患者数量占比从 4.33% 提升至 6.25%。**三是**县域医疗服务能力稳步提升。2022—2024 年，基层医疗卫生机构达到优质服务基层行推荐标准的比例由 37.80% 提升到 66.89%；2024 年，全省基层诊疗量占比 57.41%，同比提升 1.1 个百分点；由二三级医院下转和基层上转的患者分别较上年增长 17.43%、3.70%。**四是**机构收入结构呈向好态势，牵头医院医疗服务性收入占总医疗收入比例从 27.70% 增加至 28.23%，基层医疗卫生机构财政补助收入占比从 34.17% 提升至 35.23%，职工人均收入与牵头医院的差距逐年缩小。**五是**县域居民健康水平稳步提升。全省四类慢性病过早死亡率为 8.94%，较全国平均水平低 6 个百分点。

（三）国家和社会广泛认可

2024 年 2 月起，国家卫生健康委基层司分批组织全国各省、地级市在东台现场培训交流，28 个省、161 批、3 894 人次赴东台考察学习。东台紧密型县域医共体建设获评农业农村部等 5 部门 2024 年度全国农村公共服务典型推介案例，被《健康报》评为医共体建设年度“十大”典型案例，并得到新华社“要情动态”专刊专题介绍。

聚焦“五提升六强化”目标任务
全面推进紧密型县域医共体建设提质升级

安徽省卫生健康委

县域医共体是安徽省积极探索成功的一项原创性改革成果。2015 年在全国首创县域医共体（1.0 版），2019 年创新提出“两包三单六贯通”的建设路径（2.0 版），改革经验在全国推广。为贯彻落实党的二十届三中全会精神，安徽省卫生健康委组织开展县域医共体建设专题调研，总结吸纳省内典型经验做法，聚焦“五提升六强化”目标任务，全面推进紧密型县域医共体建设提质升级（3.0 版），构建完善“县域内协同服务、县域外预约转诊”的有序就医格局，把安徽省紧密型县域医共体建设品牌擦得更亮。

一、明确“五个提升”改革目标

2024 年 12 月出台的《关于全面推进紧密型县域医共体建设提质升级的实施意见》，紧扣国家政策导向，明确紧密型县域医共体在建设质效上实现“五个提升”的定量定性目标。到 2027 年，全省县域医共体管理体制、运行机制基本成熟，达到布局合理、人财物统一管理、权责清晰、运行高效、分工协作、服务连续、信息共享等要求。**一是**牵头医院综合能力进一步提升，全部达到二级甲等以上，90% 以上的县建成一所三级医院。**二是**县域医疗卫生服务能力进一步提升，县域就诊率、县域内基层医疗卫生机构门急诊占比分别达到 90% 以上、65% 以上。**三是**有序就医格局进一步提升，县域内住院人次占比达到 85% 以上，跨省就医逐步减少。**四是**医保基金使用效能进一步提升，县域内基金支出比例、县域内基层医疗卫生机构医保基金占比逐步提升。**五是**县域居民健康水平进一步提升，医防融合、医养结合、中西医结合持续深化，重点慢性病患者规范管理率达到 80% 以上，居民健康素养逐步提升，住院率稳中有降。

二、聚焦“六个强化”重点任务

（一）健全管理体制，强化政府主导

健全县域医共体建设推进机制，优化医共体建设布局，落实医共体管理自主权，加强医共体绩效考评。创新设立县委卫健工委，代表县委县政府承担改革职能，制定重大改革政策，建立快速决策和工作推进机制，促进县域“三医”协同发展和治理。目前全省 32 个县成立县委卫健工委，6 个市实现全覆盖。金寨县卫生健康工委深化三医协同做法，入选 2023 年度全国医改十大创新举措。

（二）完善包干机制，强化利益共享

完善医保基金总额付费机制，推动慢性病医保基金付费机制建设，完善公共卫生资金打包机制，完善结余留用与合理超支分担机制。推进 DRG/DIP 支付方式改革与医共体城乡居民医保基金包干管理衔接，实行医保基金“双预算”管理，医共体总额预算结余资金作为医共体业务收入，县乡合理分配。六安市对县区医共体总额预算包干基金达到 97%；濉溪县 2023 年医共体包干基金比例调整到 99%，连续 8 年实现医保基金结余。创新慢性病医保“小包干”，将城乡居民医保常见慢性病的门诊和住院医保基金按人头交付乡镇卫生院，实行包干管理、结余留用，让医疗机构从慢性病防治中获得收益。探索健康管理“单元包干”，单元包干结余经考核按县镇村 1∶2∶7 分配，进一步激发乡村医生做实健康服务的主动性。

（三）完善运行管理，强化一体贯通

完善医共体内部决策机制，夯实人财物一体化管理，促进县乡一体、乡村一体和城县联动，推进门诊慢性病患者取药、报销下沉村卫生室。推进村卫生室延伸点改革，推动村医“岗位化”，实现村卫生室从公办民营变为公办公营，村医从身份标识变为工作岗位，保障从购买服务变为薪酬发放。濉溪县将村卫生室全部纳入门诊慢性病医保定点机构，打通门诊慢性病患者基层就诊、取药、报销的“最后一公里”。

（四）加快资源整合，强化能力提升

提升县级医院综合服务能力，提升基层医疗卫生机构服务能力，加强县域医共体资源共享。依托县级医院建设临床服务“五大中心”，提升急诊急救“五大中心”水平，打造农村 30 分钟急救圈。2024 年，凤阳县抢救（救治）危重患者 1 176 人次，抢救成功率 91.5%。多部门联合推进医共体中心药房“五统一”建设，畅通县乡用药衔接，实现目录统一、处方自由流动。

（五）优化供给方式，强化服务协同

建立会诊转诊服务机制，创新“服务三合”（医防融合、医养结合、中西医结合）机制，提升同质化管理水平。县乡两级设立会诊转诊服务中心，组建院外专家库，建立多学科会诊模式，邀请域外专家治疗，主动为有外转意向的患者提供服务。设立会诊转诊专项资金，用于专家下沉和基层人员进修培训补助激励。芜湖市会诊转诊中心做法，入选 2024 年度全国医改十大创新举措。

（六）加大支持力度，强化政策赋能

落实政府投入保障责任，优化人事编制和薪酬管理，加强医疗保障政策协同。落实公立医院“六项投入”政策，有效化解长期债务和经济运行风险。建立以医疗服务为主导的收费机制，定期评估、动态调整，着力推进新疗法、新技术纳入医保报销范围。落实“两个允许”，做到

“三个结构调整”。建立编制动态调整机制，重点向专业技术人员倾斜，让更多医疗卫生工作者有保障。健全完善紧密型县域医共体监测评价指标体系，开展年度评估，实行动态分类管理。

三、工作成效

全省共组建紧密型县域医共体 125 个，实现县（市）全覆盖，县域内住院人次占比近 80%，基层诊疗量占比达 60%。2020、2021 年度，安徽省连续两年在紧密型县域医共体监测评价中位列全国第二，2022 年度位列全国第一。县级医院综合能力不断提升，全省县级三级医院达 79 家，覆盖 49 个县（市）。牵头医院三四级手术占比 60.6%，医疗服务收入占比 32.5%，人员支出占比 42.8%。2023 年，安徽省县级医院医疗服务能力评估排名全国第十。基层医疗卫生机构服务能力显著增强，截至 2024 年底全省 92% 以上乡镇卫生院（社区卫生服务中心）达到优质服务基层行能力基本标准或推荐标准，182 所乡镇卫生院达到二级医院能力水平，创建社区医院 205 所，1.5 万个村卫生室全部达到建设标准。医共体内医疗资源分布日趋合理，牵头医院年均向乡镇卫生院派驻 6 个月以上的临床、管理人员 2 200 余人，建设医共体中心药房 134 个，126 个乡镇卫生院实现统一用药目录。

全面推行紧密型县域医共体建设
让优质医疗服务惠及更多群众

江西省卫生健康委

江西省委、省政府高度重视紧密型县域医共体建设，将医共体改革纳入省委深改委 6 个重点突破事项之一，连续三年写入省政府工作报告，由分管副省长领衔推进。在全国较早组建由卫生健康、医保、药监、中医和疾控五部门组成的“三医”协同发展和治理工作专班，由分管副省长任组长。率先印发《关于以设区市为单元深入推广三明医改经验　持续深化医药卫生体制改革的通知》，统筹推进紧密型县域医共体建设。在国家卫生健康委精心指导和大力支持下，江西省紧密型县域医共体建设取得阶段性成效，全省 81 个县（市、区）有 73 个达到紧密型标准，占比 90%。

一、紧紧围绕“紧密型”这一根本要求，实现联体联心“一家人”

一是注重价值共创。因地制宜建立总医院，一体化管理县域内各级各类公立医疗机构，在机构设置上实现扁平化，在诊疗服务上实现中心化，在业务管理上实现同质化，在学科布局上实现集约化，有效降低运行成本，提升医疗资源使用效率。**二是注重利益共享。**在全国较早推进医保支付方式改革，分期分批实行医保基金总额打包，第一批 37 个县（市、区）已全部实现总额打包付费，第二批 36 个县（市、区）已完成医保基金预算调整；参保人员县域内住院人均费用 2023 年 5 547.5

元，2024 年 5 087.4 元，同比下降 9%；以医共体为主体对药品耗材进行集中带量采购，有效节约费用。**三是注重责任共担。**全面落实行政、人事、财务、业务、用药、信息、绩效“七统一”管理，建立三级考核制度（医管委对医共体、医共体对成员单位、成员单位对个人），评价结果与公共卫生服务经费补助、医保基金支付、绩效工资总量核定以及人员薪酬、任免、奖惩等挂钩。

二、紧紧围绕“同质化”这一关键要素，坚持能力建设“一盘棋”

一是聚焦做强龙头。95% 的县级医院达到二级及以上医院医疗服务能力，其中 46 家达到三级医院能力水平；支持综合服务强、“国考”成绩优异的 5 家县级医院建设省级临床重点专科；全省县级公立中医院“两专科一中心”（建成 2 个中医特色优势专科和 1 个县域中医药适宜技术推广中心）实现全覆盖。**二是聚焦上下联动。**优化城乡对口支援，省市三级公立医院对县级医院开展至少 3 年的支援帮扶，重点对 25 家患者外转率较高、服务能力较弱的县级医院进行精准帮扶；县级医院派驻人员至乡镇卫生院实现全覆盖；上级医师到基层医疗卫生机构派驻人数达到 0.94 人 / 每万人口，同比增加 74.1%，逐步形成省市帮县、县级帮乡、乡级帮村的模式。**三是聚焦夯实网底。**创新实施全省基层卫生人才“强基工程”，80% 的基层医疗卫生机构达到基本标准，首次选拔 100 名“赣鄱基层名医”，带动提升基层服务能力；推进乡镇卫生院延伸举办村卫生室，2024 年招聘大学生乡村医生 121 名并落实事业编制；推动行政村全部纳入基本医保定点服务范围，医保报销实现“村村通”，61.7% 的行政村卫生室实现人财物一体化管理。

三、紧紧围绕“促分工”这一重点环节，算好分级诊疗“一本账”

一是强化基层首诊。健全家庭医生居民首诊制度，跟踪转诊患者治疗过程，做好接续服务；搭建家庭医生线上签约服务平台，推动家庭医生由全科向专科拓展、由团队签约向与医生个人签约拓展等“六个拓展”，提高居民对家庭医生签约服务的感受度。**二是强化双向转诊。**健全“双向转诊、上下联动”制度，上级医院专家号源和住院床位优先向下级医院转诊患者提供，上级医院医务人员参与家庭医生签约服务，推动落实县域内双向转诊，2024 年下转患者 26.6 万人次，同比增长 27.4%；县域内基层医疗卫生机构诊疗人次占比和医保基金支出占比分别为 65.9%、24.7%，同比分别提高 2.7 个和 2.6 个百分点。**三是强化资源共享。**全省已组建医学影像、心电诊断等五大资源共享中心 306 个，影像心电中心开展远程诊断数量 278 人次 / 每万人口，同比增长 45%。推动全省实现检查检验结果互认共享，基本实现“基层检查、上级诊断、结果互认”。首批纳入检验 8 类 44 项、影像 3 类 290 项，项目数位列全国第五，累计互认 47 527 人次。61.2% 的县域医共体建有中心药房，落实药品统一目录、统一管理、统一配送，基层医疗机构药品种数平均增加 264 种。

四、紧紧围绕“提效能”这一核心目标，凝聚协同发展“一股劲”

一是薪酬改革激活力。推进薪酬制度改革，落实“两个允许”要求，合理调控各类医疗机构间人员收入差距，全省县级医院在职职工人均工资性收入 11.8 万元，同比增加 0.7 万元；基层医疗卫生机构人均收入与牵头医院人均收入比值为 0.73。**二是医疗保障添动力。**以统筹区为单元开展医疗服务价格调整评估工作，2024 年六个设区市（景德镇、九江、抚州、吉安、宜春、上饶）实施医疗服务价格动态调整，调整总量为 1.19 亿元。对不同层级医疗机构实行差异化医保支付政策，基层上转住院患者起付线累计计算，下转基层住院患者取消起付线。**三是信息化赋能提效力。**在全国率先建成基层人工智能辅助智慧医疗系统，建有人工智能辅助诊疗等模块，实现基层医疗卫生机构运用全覆盖。建设全国首个“省级主建、市县主用”模式的全省紧密型医联体信息平台，统筹建设县域集中审方中心，形成“省、市、县、乡、村”五级互联互通信息平台，推动跨区域、跨机构协同服务，让信息多跑路，让群众少跑腿。

五、紧紧围绕“保健康”这一首要职责，织牢基层服务“一张网”

一是坚持医防融合。省政府办公厅以 2025 年“一号”文件出台《江西省癌症防治专项行动方案（2025—2027 年）》，对省内 50～74 岁常住人群有针对性开展肺癌早筛，健全省、市、县三级肺癌防治体系。推进基本公共卫生服务提质工程，强化慢性病医防融合服务和一体化管理，建成基层慢性病管理中心 404 个，按照健康风险开展“红黄绿”三色分类分级老年人健康管理服务，高血压、糖尿病规范化管理率分别达到 74.6%、76.3%，县域内慢性病健康管理人群住院率下降至 20.58%，同比下降 1.7 个百分点；县域内四类慢性病过早死亡率下降至 8.3%，同比下降 1.3 个百分点。**二是坚持健康优先。**建立居民健康档案反馈修改机制，按季度更新签约居民基本信息；启动智慧健康江西小程序和公众号建设，推动个人电子健康档案向居民开放。出台江西省居民健康积分管理办法，在全国首个以省为单位推行居民健康积分管理机制，健康行为累计的健康积分可兑换健康服务，促进群众健康理念从“要我健康”向“我要健康”转变。**三是坚持中西医并重。**推动二级及以上中医医院“三科三中心”建设（急诊急救科、中医优势专科、老年病科，康复中心、治未病中心、适宜技术推广中心），加强西（医）学中（医）人才队伍建设，全国基层名老中医药专家传承工作室建设，实现县级中医院全覆盖；打造基层中医特色，基本实现社区卫生服务中心、乡镇卫生院中医馆设置全覆盖，县域内中医类诊疗量占比 30.4%，同比提高 7.5 个百分点；基层中医药服务占比达到 37.2%，同比提升 3 个百分点，均高于全国平均水平。

全面夯实基层发展之基
积极推进紧密型县域医共体建设

辽宁省铁岭市卫生健康委

2024 年，铁岭市在前期试点基础上全面推开紧密型县域医共体建设，围绕“县级强、乡级活、村级稳、上下联、信息通”目标，系统重塑医疗卫生体系和整合医疗卫生资源。目前，5 个县市均组建了由县级医院牵头，乡镇卫生院、村卫生室等为成员的县域医共体。通过统一县域医共体信息系统、统筹县乡村医疗资源、加强医共体内同质化管理等手段，实现优质医疗资源下沉，推行基层检查、上级诊断、结果互认，将远程医疗向村级延伸。截至 2024 年底，铁岭县医共体取得积极成效，建立了远程影像、远程心电、远程会诊等中心，远程心电联通至村卫生室。

一、领导重视，高位推动

市政府高度重视紧密型县域医共体推进工作，先后到江苏东台市、浙江德清县、辽宁法库县考察学习医共体建设先进经验；多次组织召开专题会议部署调度县域医共体建设进展情况。2024 年 9 月，市卫生健康、市委编办、发改、财政、人社、农业农村、医疗保障、市场监督管理八部门联合印发《关于全面推进紧密型县域医疗卫生共同体建设的实施方案》。市卫生健康委成立分片包干工作组，对全市紧密型县域医共体建设情况实行月调度。2024 年 10 月，紧密型县域医共体建设工作现场会在铁岭县召开，推广铁岭县经验做法，要求各县（市）参照铁岭县医共体建设经验结合自身实际加快推进。

二、优化资源配置，加快推进医共体建设

（一）完善县域医共体管理机制

2024 年，各县（市）均制定了县域医共体管理章程及相关制度，出台了赋予医共体在编制统筹使用、人员招聘等方面的自主权的文件，为科学统筹、合理使用成员单位编制，制定医共体岗位设置方案提供了基础。明确建立岗位结构比例动态调整机制，科学、合理调整基层医疗卫生机构中、高级专业技术岗位比例。铁岭县、昌图县、西丰县均制定了医共体人才引进政策。建立了财务统一管理制度，成员单位单独设账、集中核算，医共体内明确资产调剂、调拨和共享机制。促进资源服务共享，畅通基层医疗机构同县级牵头医院用药衔接，医共体内全部执行国家基本药物制度，实现目录统一。铁岭县统筹建立了县域内医学影像、心电诊断、消毒供应等资源共享中心。

（二）促进优质医疗资源下沉

一是通过对口帮扶提升基层服务能力和管理水平。各医共体均明确了成员单位的功能定位，建立了分工协作机制。制定转诊管理办法，明确上、下级医院转诊标准和规范流程，执行统一医共体质量标准。2024 年，铁岭市乡级机构接收县级派驻基层医疗卫生机构 54 家、派驻医务人员 132 人，搭建远程医疗协作网机构 33 个。铁岭县指派集团总院 4 名副院长作为 4 家中心卫生院挂职副院长，提升基层医疗卫生机构专业技术人员疾病规范化诊疗能力和临床技术水平。全年共帮扶 14 家乡镇卫生院，涵盖 14 个科室专业，累计诊查 1 413 人次、业务培训 500 人次。集团总院成立了质控小组，2023 年 10 月开始陆续派出质控小组专家赴各集团分院进行同质化管理检查指导。昌图县中心医院同 25 家成员单位合作建立了胸痛联盟暨胸痛救治单元，促进医共体内患者上下转诊，提升了县域整体救治水平。昌图县中心医院接收医共体成员单位医务人员免费进修 2 人，并将昌图县中心医院 8 名中医医生

多点备案到 12 所未配备中医师的卫生院，通过医生派驻提升了县域整体服务水平。

二是推进信息化建设。铁岭县建立了医共体信息化平台，实现放射远程医疗下级检查与上级诊断、远程会诊、上下转诊等功能，心电远程共享已覆盖全部 14 家分院和 20 多家村卫生室。2024 年，基层医疗卫生机构向总院预约转诊 2 009 人，预约检查 39 人，预约住院 21 人，总院向基层医疗卫生机构转诊 14 人；远程影像 948 人，远程心电图 472 人。为切实提高基本公共卫生服务信息化水平，铁岭市卫生健康委重新部署了居民健康档案信息管理系统和家庭医生签约系统，该系统于 2024 年 10 月 20 日正式上线，新系统完善了统计汇总、批量操作、错误提醒等功能，增加了业务操作提示、绩效考核、身份验证等功能，同时把医共体牵头医院设置为管理员账户，医共体牵头医院可统筹管理家庭医生签约团队。截至 2024 年底，全市共组建了由 3 364 名基层医疗卫生技术人员组成的 1 366 个家庭医生签约团队。

三、夯实网底，提升基层卫生整体服务能力

一是将建强中心乡镇卫生院作为市政府民生实事强力推进。在市委、市政府的高位推动下，确定三年建强全市 20 家中心乡镇卫生院的强基行动目标，通过中心乡镇卫生院能力提升辐射带动周边乡镇村医疗卫生能力整体提升，逐步实现“以乡带村、以村促乡、乡村一体、共同发展”的目标。2023 年，市本级财政投入 400 万元用于 4 家乡镇卫生院房屋改造和设备购置，4 家中心乡镇卫生院全部改造完工并取得显著成效。2024 年，市本级财政再次投入 700 万元用于建强 7 家中心乡镇卫生院，所有基建项目已于 2024 年 11 月底前全部完工并投入使用。2025 年又将建强 9 家中心乡镇卫生院建设项目列入民生实事项目。建强后的乡镇中心卫生院环境明显改善，业务用房面积明显增加，科室规划布局更加合理，设施设备配置更加健全，服务功能更加完善，医院管理更加规范，群众就医满意度明显提升。

二是以家庭医生签约服务为突破口，提升居民健康档案质量。为

提升基本公共卫生服务项目工作质量，铁岭市卫生健康委印发《关于进一步加强全市基本公共卫生服务项目管理的通知》（铁市卫发〔2024〕61号），要求各县（市、区）按照基本公共卫生服务老年人健康管理项目的要求，建立健全辖区内老年人体检服务数据清理维护制度和日常维护机制，对辖区内老年人健康档案尤其是老年人健康体检情况进行清理、排查，并开展自查自纠，基层卫生科将定期调取分析老年人体检服务数据，加强常态化监测评估，持续推动本市老年人体检服务规范开展。为了从源头上解决老年人体检真实性问题，为基本公共卫生服务提供信息化支撑，铁岭市卫生健康委重新部署了居民健康档案信息管理系统和家庭医生签约系统，完善了统计汇总、批量操作、错误提醒等功能，增加了业务操作提示、绩效考核、身份验证等功能，有效解决了健康档案造假问题，大大减轻了人工输入工作量。

三是加强基层人才队伍建设。通过“引进一批、培养一批、交流一批”，多措并举解决医疗卫生人才短缺问题。积极组织培训乡村医生。从 2022 年起，市卫生健康委每年划拨 30 万元专项资金，举办全市乡村医生集中培训班，2023 年培训 271 人，2024 年培训 300 人。通过开展乡村医生基础理论、实践技能、适宜技术等系统培训，提升乡村医生服务水平。连续 5 年开展基层卫生人才能力提升培训项目，共培训 725 人次，并定期开展考核。2023、2024 年全市乡村医生委托定向培养 18 人，农村订单定向免费培养医学生 3 人，大学生乡村医生公开招聘 2 人。

创新“三包四单七协同”机制 进一步推进紧密型县域医共体建设

福建省南平市卫生健康委

福建省南平市围绕“常见病多发病在市县解决，头疼脑热等小病在乡村解决”的目标，创新县域医共体“三包四单七协同”机制，推进医疗卫生服务能力从“县级强”向“县域强”转变，提升群众健康获得感。

一、“三个打包”促进资金优化整合

实行“三个打包”，建立医共体内部利益共享、责任共担机制，坚持以人民健康为中心，一手抓“治已病”、一手抓“治未病”，加快医防协同、医防融合，促进健康关口前移、让百姓“少生病、更健康”。

（一）医保基金打包

按照“以收定支、总额预付、结余留用、合理超支分担”的原则，将医保基金打包给医共体，结余资金由医共体成员单位合理分配，并明确医保基金结余部分纳入医院的医疗服务收入，引导公立医疗机构因病施治、按需救治，自觉规范医保基金使用行为，让医疗机构从追求效益转变为主动控费，守好群众治病钱。2024 年，医共体门急诊次均费用 193.56 元，同比下降 8.87%，出院患者次均费用 6 755.75 元，同比下降 4.14%。

（二）基本公共卫生服务项目资金打包

基本公共卫生服务经费按医共体人头总额预算，及时足额拨付给医共体，交由医共体统筹用于医防融合工作，强化疾病防控，做实做细公共卫生和全民健康网格化服务，从根源上让患者少生病、慢性病患者少生大病，用好公共卫生保障防病钱。截至 2024 年底，全市全人群签约率达 66%、重点人群签约率达 90%，高血压、糖尿病患者规范管理率分别达到 87.4%、88.0%。

（三）财政补助资金打包

将财政部门对县级医院的定向补助资金和基层医疗卫生机构预算资金，统一拨付给医共体，提高财政资金整体使用效能，重点支持基层医疗卫生机构服务能力提升，基层医疗卫生机构财政补助收入占总收入比例达 55.2%。在“优质服务基层行”活动中，全市 121 家基层医疗卫生机构达到国家基本标准，达标率达 89.6%，其中，16 家达到国家推荐标准，12 家创建为社区医院。

二、“四个清单”准确把握职责定位

通过实行清单制管理，明确政府、相关部门、卫生健康部门和医共体的责任、权利、义务等职责，找准角色职能定位，强化各自责任，扎实推进紧密型县域医共体高质量发展。

（一）建立政府办医责任清单

强化政府办医的领导责任和保障责任，明确政府负责公立医院“六项投入”政策（即基本建设、设备购置、重点学科发展、人才培养、符合国家规定的离退休人员费用和政策性亏损补贴），全市公立医院财政拨款收入达 6.3 亿元，占总费用的比重为 16.2%。

（二）建立部门分工权责清单

加强部门协同，共同推动医共体规划建设、投入保障、人事安排、绩效考核、运行监督等重大事项，从卫生健康部门行业管理转向多系统多部门的综合治理，将分散的各类资源进行梳理和汇总，实现“1+1>2”的效应。

（三）建立医共体运行管理清单

医共体内部按照县乡村医疗卫生机构功能定位，健全内部管理体系，统一运营管理，强化分工协作，建立防病就医新秩序，深化薪酬制度改革，全市公立医院医务性收入占比提升至37.82%。

（四）建立卫健部门综合监管清单

落实卫生健康部门对医疗机构的管理责任和监督责任，对医共体公益性、公共卫生服务、医疗质量、医疗安全等进行监管，厘清监管内容、要素和流程。医共体大型医用设备检查阳性率上升到91.3%、处方合格率达99.2%。

三、“七个协同”助推服务能力建设

（一）专家资源协同

县域医共体牵头医院通过“科包院”“科特派”“联合病房”等形式向乡镇（街道）常年派驻临床、管理人才，确保每个乡镇卫生院（社区卫生服务中心）至少有1名牵头医院主治医师以上职称人员常年服务，累计向139个乡镇卫生院（社区卫生服务中心）派驻医务人员684人次，并统筹安排基层医务人员进修、学习，累计派出511名骨干前往上级医院轮训，加强人才本土化、梯队化、同质化培养，助力心血管、呼吸、康复、影像、超声等基层医疗短板学科的跨越式发展。

（二）人员管理协同

推进乡镇卫生院卫生技术人员“县管乡用”，由县域医共体统一招聘、培训、调配和管理，统筹调剂基层医疗卫生机构事业编制，2024年累计招聘74人。落实乡村医生“乡聘村用”制度，开展大学生乡村医生专项招聘计划，完成7位大学生乡村医生人编手续办理。此外，建阳、顺昌、光泽等6个县（市、区）完善村医聘任机制，择优与807名村医签订聘用合同，每月平均薪酬 3 300 余元，解决其薪酬待遇、养老保障问题，稳定优化乡村医生队伍，筑牢了农村医疗卫生服务网底。

（三）医疗技术协同

医共体牵头医院主动对接省内外高水平医院，与福建医科大学附属协和医院、浙江大学医学院附属第二医院等 13 家省内外“三甲”医院合作，精准做好专家引进、学科共建。一方面，市县两级医院共建立专家工作站 66 个，发挥省市专家“传、帮、带”作用，推动医疗卫生资源下沉。另一方面，实施专项技术提升，在二级及以上医院建设省级重点专科 27 个、市级高质量发展学科 16 个，以专科建设带动诊疗能力和水平的提升。全市二级公立医院绩效考核成绩逐年提高，其中建瓯市立医院、武夷山市立医院等进入全省县级医院前列，县域医共体牵头医院帮助基层开展新技术、新项目累计 145 项。

（四）药械保障协同

依托县域医共体牵头医院组建药品（耗材）中心，从药品（耗材）供应、使用、监管等全链条加强药事（耗材）管理，制定医共体内统一的用药目录，实行统一采购配送。常态化、制度化开展药品和医用耗材集中带量采购，先后跟进国家、省组织的 539 种药品集中采购和 29 类耗材集中带量采购工作，全市医疗卫生机构集采药耗累计金额 6.26 亿元，节约成本约 6.99 亿元。按照“腾空间、调结构、保衔接”的基本路径，把“药改”释放的红利用于提高群众医保报销待遇，全市职工、居民医保实际报销比例分别达到 84.0%、69.5%，较 2023 年改革前分别增长 1.44 个百分点、5.4 个百分点。

（五）双向转诊协同

医共体内上级医院在专家号源、住院床位和预约检查等方面预留 20% 以上的资源优先保障转诊患者。依托信息化手段，进一步简化转诊手续，患者只需在基层填写转诊单，即可快速转至上级医院，上级医院为转诊患者开通绿色通道，由急诊科做好预检分诊，优先安排就诊、检查和住院。同时，上级医院将下转患者的病历资料及时反馈给基层医疗卫生机构医务科，由其统一分配，确保患者治疗的连续性，有效提升了转诊工作效率。2024 年度县级医院与基层双向转诊服务 14 797 人次，其中上转 3 269 人次，下转 11 528 人次。

（六）医防融合协同

通过引导医共体县级医疗资源下沉，扩容组建“4 + N”全民健康服务团队，探索构建“医中有防”“防中有医”的健康服务新格局，以家庭医生签约服务为抓手，为困难群体、老年人、慢性病患者等提供上门送诊等健康服务。全市共组建 977 支“4 + N”服务团队，设置健康网格员 2 542 人。2024 年，筛查新增高血压患者 2.09 万人、2 型糖尿病患者 0.95 万人，并将这些患者及时纳入网格管理。同时，发挥疾病预防控制机构优势，通过派驻公卫联络员，参与医共体工作，开展技术指导、业务培训，落实医防协同工作，共计派驻公卫联络员 100 名。

（七）信息共享协同

建立医共体信息数据管理中心，加强数据互通共享和业务协同，推进 10 个县（市、区）远程会诊、医学影像、心电诊断、临床检验、病理检查、消毒供应这资源共享“六大中心”建设，完善长效机制，累计为基层提供服务 111.97 万人次。此外，探索人工智能辅助诊断技术在医共体内的应用，累计提供智能辅助诊断建议 70.0 万次，辅助医生诊断病历 21.0 万份，人工智能提供电话随访服务 83.4 万人次，病历规范率较改革前提升 13.2%。

探索创新　全面深化
统筹推进市域紧密型县域医共体建设

山东省济宁市卫生健康委

近年来，山东省济宁市委、市政府高度重视基层医疗卫生健康保障，始终坚持以人民健康为中心，持续深化医药卫生体制改革，统筹推进紧密型县域医共体建设，实现紧密型县域医共体行政区划县（市、区）全覆盖，其中鱼台县入选国家 2024 年紧密型县域医共体建设典型案例、山东省 2024 年紧密型县域医共体建设样板县。2024 年，县域内基层医疗卫生机构诊疗人次占比 63.68%，同比提升 0.83 个百分点，济宁市紧密型县域医共体建设成效初步显现。济宁市 2023 年度医改综合评价居全国地级市第 5 位。

一、基本情况

济宁市现辖 2 区、2 市、7 县和 3 个功能区，面积 1.1 万平方公里，人口 890 万，现有 1 个国家区域医疗中心、2 家综合类别的省级区域医疗中心、6 家三甲医院、24 家二甲医院、173 家乡镇卫生院（社区卫生服务中心）、5 066 家村卫生室。自 2019 年起，济宁市探索按照行政区划推进县域医共体建设工作，2023 年实现紧密型县域医共体行政区划县（市、区）全覆盖，全市 11 个县（市、区）组建的 17 个紧密型县域医共体全部实行“八统一”管理（统一行政、人事、财务资产、绩效考核、医疗业务、药品耗材、信息化、医保基金管理）。

二、主要做法

（一）加强组织领导，坚持高位推动

市级成立由市政府分管负责同志任组长、相关市直部门分管负责同志任成员的紧密型县域医共体推进工作专班，各县（市、区）成立由党委、政府主要领导共同担任主任的医共体管理委员会，统筹推进“三医”联动，健全目标统一、政策衔接、信息联通、监管联动等机制。济宁市委、市政府主要领导多次调度、亲自研究部署，推动开展济宁市紧密型县域医共体建设工作。围绕政府投入、医保支付方式改革、人事薪酬制度改革等召开 10 余次“三医协同”部门工作会议，市人大、政协对此专题视察。

（二）探索由点及面，全市统筹推进

2019 年，济宁市任城区、曲阜市和邹城市作为紧密型县域医共体试点县率先开展医共体建设工作。2021 年，鱼台县通过实施“三体三统三融合”带动县域医疗服务能力全面提升，探索出紧密型县域医共体建设“鱼台经验”，入选山东省深化医改十大创新举措。市委、市政府常务会议专题研究“鱼台经验”，充分学习借鉴“三明医改”经验和鱼台县紧密型县域医共体建设做法，指导各县（市、区）选取 1 家公立医院和 1～2 家乡镇卫生院试点推进紧密型县域医共体建设。2022 年，印发《关于推进紧密型县域医共体建设的若干意见》，加快扩大紧密型县域医共体建设覆盖面。2023 年，市政府将“稳步推进紧密型县域医共体建设”纳入“重点民生实事”项目。2024 年，全市 11 个县（市、区）进一步完善紧密型县域医共体建设方案，重点打造鱼台县 1 个高水平紧密型县域医共体样板县。2025 年，重点推进县域医共体医保基金三个“双打包”付费（县域内外医疗费用打包、门诊和住院费用打包、居民医保费用和职工医保费用打包）。

（三）密切部门配合，保障政策协同

济宁市委编办、市人力资源社会保障局、市医保局、市财政局、市卫生健康委等部门分工明确，密切配合，及时出台配套文件，从医共体考核评估、管理体制、编制资源保障、人事管理制度、医保支付方式改革、医药价格政策等方面保证改革措施有效落实。探索实行基层卫生健康人才“县管乡用”“乡聘村用”管理机制，明确医共体内部人员柔性流动、双向交流，不受事业单位类别、编制性质、财政保障比例的限制；坚持“以收定支、收支平衡、略有结余”的原则，加快推进三个“双打包”付费，明确医共体医保基金“结余留用、合理超支分担”具体比例，对医共体结余按比例确定留用额度。

（四）推动资源下沉，提升县域服务能力

一是推动城市优质医疗资源向县级延伸。发挥紧密型城市医疗集团对口帮扶作用。建立“1 + X”管理模式，由济宁市第一人民医院和济宁医学院附属医院分别牵头组建紧密型城市医疗集团，深化城市三级医院对县级医院的对口帮扶作用，每年向基层派遣技术骨干不少于1 000 人。**二是**推动优质医疗资源向乡村基层延伸。协同推进心电智能诊断、超声影像智能诊断、智能辅助诊断“三张网”建设，实质化运行医共体医学影像、远程会诊等“六大资源共享中心”。连续开展 3 轮乡村医疗卫生服务能力提质提效三年行动，对 80% 以上的乡镇卫生院（社区卫生服务中心）实施新改扩建，形成乡村地区“15 分钟健康服务圈”。**三是**创新医防融合服务。联合顶级科研院所，探索成立市级公共卫生联盟，涵盖全市疾控机构、各级医疗机构。实施“三高共管、六病同防”医防融合慢性病管理，全市二级及以上公立综合医疗机构均开展重点慢性病“防、筛、诊、治、管”一体化管理工作。建立了 15 个三高中心、163 个三高基地、1 912 个三高之家，将 76.2 万名高血压患者、31.4 万名 2 型糖尿病患者纳入三高一体化管理。

三、工作成效

（一）县域医共体整体服务能力逐步提升

一是资源集约、共享载体。医共体医学影像、远程心电、远程会诊、病理诊断、消毒供应、后勤服务“六大资源共享中心”实质化运行。2024 年全市县域医共体远程医学影像诊断人次达到 56.5 万。心电设备村级覆盖率达到 44.7%。全市共建成中心药房 15 家，实现集采药品送到村卫生室，统一县、乡、村三级高血压、糖尿病、慢性阻塞性肺疾病等慢性病用药目录。中心药房成立以来，共组织开展处方点评 234 次，共点评处方 31 万余张，处方合格率平均提升 5.62%。**二是**资源下沉不间断。启动“千名医护进乡村”活动，深入实施“业务院长”选派工作，遴选 1 016 名医务骨干和 45 名“业务院长”下沉基层、开展对口帮扶工作。全市建成名医基层工作站（室）179 个、基层特色专科 355 个，实现乡镇卫生院全覆盖，有力提升被帮扶单位的诊疗水平。2020 年以来，为基层医疗卫生机构下达用编进人计划名额 3 518 个，基层编制使用率常态化保持在 95% 以上。**三是**医保基金使用效能逐步提升。2024 年，医保基金县域内支出占比（不含药店）58.1%，较上年提升 1.61 个百分点；县域内基层医疗卫生机构医保基金支出占比 20.1%，较上年提升 0.7 个百分点。**四是**分级诊疗初见成效。5 258 家医疗机构接入全市分级诊疗平台，建成了覆盖市、县、乡、村四级的远程会诊网络，年均完成远程诊断 30 万例，“基层看病 + 市县诊断”就医格局基本形成。

（二）基层医疗卫生服务网底逐步夯实

一是县级医疗机构服务能力逐渐增强。全市 9 家县级综合医院全部达到基本标准优秀等级，11 家县级中医院全部达到国家医疗服务能力基本标准、建成“两专科一中心”，8 家县级妇幼保健机构达到二级甲等水平。**二是**基层医疗卫生机构建设提档升级。2021 年以来，新改扩建乡镇卫生院（社区卫生服务中心）117 个，增加 CT、DR、胃肠镜、彩超等设备。济宁市 20 家基层医疗卫生机构通过 2024 年度国家“优质服务基层行”推荐标准评价，通过率、通过数量为山东省第一，全市 173 家基层医疗卫生机构全部达到国家“优质服务基层行”基本标准、98 家达到推荐标准，建成 32 个重点中心乡镇卫生院、37 家社区医院。**三是**村级医疗卫生服务能力显著改善。全市已建成中心村卫生室 564 个；一体化管理村卫生室 4 002 个，占比 78.89%；改造提升 1 505 个薄弱村卫生室，乡村医生执业医师资格或大专以上学历占比 68.4%，同比提升 26.7 个百分点。

（三）“医改”工作创新特色发展

遵循“坚持整体推进，一县一策，差异化发展”的工作思路，分类指导各县（市、区）全面深化紧密型县域医共体建设。曲阜市争取山东省公立医院改革与高质量发展项目资金 2 300 万元用于医共体建设。嘉祥县、梁山县医共体在编制部门备案了事业单位，设法人，取得事业法人证书。泗水县创新构建“分院开单、总院检查、分院报销”的医共体设备共享新模式，建成覆盖县、镇、村一体化的医共体服务信息平台，其打破两个医共体壁垒建设一个中心药房的创新经验被山东新闻联播、“学习强国”等多个平台宣传报道。

以医保支付方式改革撬动“三医”有效联动

云南省临沧市卫生健康委

临沧市始终坚持以人民健康为中心的发展理念，按照“保基本、强基层、建机制”的原则和“维护公益性、调动积极性、保障可持续”的改革目标要求，以医保支付方式改革撬动“三医”有效联动，全市紧密型县域医共体建设、医保支付方式改革、分级诊疗等改革工作取得阶段性成效。

一、主要做法

（一）建机制促改革

先后出台《临沧市城乡居民基本医疗保险总额控制打包付费支付方式改革实施方案》《临沧市开展县域城乡居民基本医疗保险打包付费支付方式改革实施方案》《临沧市基本医疗保险按疾病诊断相关分组（DRG）付费实施细则（试行）》等政策文件，通过医保资金打包付费改革，建立“总额打包、结余留用、超支自担”的激励约束机制，形成“按季预拨、按月结算、半年清算、年度决算”的资金管理制度，推动医共体从“要我控费”到“我要控费”的转变。

（二）抓试点出经验

2019 年在云县试点，一年试点后结余 2 465.6 万元，扭转了超支局面，为全市 8 县（区）全面推开积累了经验。自 2023 年起，全市全面推进 DRG 付费改革，119 家定点医疗机构实现 DRG 实际付费清算工作。2024 年符合条件开展住院服务医疗机构 DRG 付费覆盖率 100%，DRG 付费医疗机构病种覆盖率达 99.43%，DRG 付费医保基金支出占统筹区内住院医保基金支出达 94.0%。

（三）“放管服”更便民

城乡居民医保资金打包付费改革与“放管服”改革协同推进，在医共体内成立医疗保障服务机构，将医保政策咨询、医保权益查询、转诊转院审核、意外伤害审核、特慢病待遇审核、零星报销审核等业务下放医共体经办，精简了流程、缩短了时限，群众看病就医更加便捷高效，更有获得感。

（四）强监管保安全

通过建立健全监督检查、智能监控、综合监管、引进第三方力量等机制，确保日常资金使用稽核全覆盖。建立打包付费部门联动管理机制，完善细化医保协议管理内容，推进监管关口前移，坚持做到规范在前、约束在先、事前提醒、事中事后监管。

（五）抓考核促规范

出台《临沧市县域医共体城乡居民基本医疗保险打包付费考核实施方案（试行）》《临沧市基本医疗保险按疾病诊断相关分组（DRG）付费绩效评价暂行办法》，充分发挥绩效考核激励约束作用，有效调动医疗机构积极性。引导医共体合理控费，重点关注患者满意度测评权重，有效控制不合理医疗费用增长。

二、主要成效

深入推进城乡居民医保资金总额控制、打包付费、按病种付费、精神病按床日付费和 DRG 等复合型多元化支付方式改革，取得阶段性成效，实现了“六个破解”。

（一）破解了医保基金运行风险大的难题

医共体内责任共同体和利益共同体基本形成。全市县域医共体城乡居民医保付费额度超支的县（区）在2019年有7个，到2023年全部实现结余。2020—2023年，全市城乡居民医保基金分别结余0.55亿元、0.6亿元、1.4亿元、1.9亿元，2024年尚未清算结算，预计结余1.4亿元。

（二）破解了医保资金拨付不及时的难题

优化医保支付机制，2024年及时拨付“两定”机构医药费用25.9亿元，有效解决了定点医疗机构资金垫付的压力。强化医保战略购买落地见效，推动纳入医保目录的新药好药惠及参保群众。

（三）破解了分级诊疗制度落实难的问题

2024年县域内基层就诊率达69.9%，县域内上转人数（7 891人次）较2019年（10 987人次）同比下降28.2%，县域内下转人数（16 740人次）较2019年（9 064人次）同比增长84.7%。

（四）破解了医疗成本意识不强的难题

印发《医保基金使用负面清单》，组织全市定点医药机构开展自查自纠，定点医药机构自我管理意识进一步增强。通过“以量换价”，2024年共组织全市医疗机构报量参与药耗集中带量采购32批次、落地21批次，集采药品数量925个，价格平均降幅60%，预计节约采购成本6.4亿元。

（五）破解了参保群众“多跑路”的难题

推进经办服务向乡村两级下沉、向第三方机构延伸，打通服务群众的“最后一公里”。全市78个乡镇（街道）、944个村（社区）便民服务站、5家金融机构72个网点均可直接或代办参保登记、参保信息查询等医保业务。全市886家定点医药服务机构开通异地就医即时结算服务，其中 864 家开通跨省异地就医即时结算。

（六）破解了基金监管和联动考核不到位的问题

2024 年现场检查定点机构 811 家，处理 207 家，解除医保服务协议 22 家，行政处罚 7 家，罚款 59.75 万元。配合国家飞行检查，解除医保协议 9 家，追回违法违规使用基金 1 327.08 万元。

第二部分

以人员为核心推动“四个”下沉，建立基层药品联动管理机制

“三二一”推动优质医疗资源“四下沉”深耕基层“沃土”

山西省运城市盐湖区卫生健康局

盐湖区以紧密型县域医共体为载体，构建优质医疗资源“三二一”下沉机制（即“三模式、双帮扶、一监管”机制），推动人员、技术、服务、管理“四下沉”。通过机构管理“一盘棋”，财务统筹“一本账”，人员使用“一家人”，区、镇（社区）、村三级医疗机构拧成了“一股绳”，逐步构建整合型医疗卫生服务体系。

一、播撒“希望种”，把技术和服务种在基层的土地上

（一）“三二帮”推陈出新

医疗集团制定“三模式、双帮扶”下沉机制，“三模式”即全程下乡、间断下乡、一对一结对帮扶，“双帮扶”即管理帮扶、业务帮扶，促进人员、技术、服务、管理“四个下沉”。全程下乡帮扶由区医院派骨干医师、护士进行，每次不少于 3 个月，其区医院工号暂停，申请转为帮扶基层医疗卫生机构执业点工号，确保下乡人员安心、专心在基层帮扶。间断下乡帮扶由区医院科主任、护士长、医技科室包片几家基层医疗卫生机构，每月 2～4 次下乡帮扶；区医院麻醉科全员轮流下乡，帮扶手术量小且没有专业麻醉医师的基层医疗卫生机构。一对一结对帮扶由区医院临床科室分别负责一个基层医疗卫生机构，随时派驻医务人员、护理人员以现场带教、远程指导、会诊问诊等多种形式进行帮扶。行政职能科

室承担“一肩双挑”管理职责，既对区医院进行全面管理，又对基层医疗卫生机构清账目、建规章、立制度、定流程、扫盲点，对基层医疗卫生机构开展同质化质控，推动管理下沉，健全基层科学管理体系。

（二）“一监管”巩固成效

医疗集团同时制定下沉监督机制，对下乡帮扶人员的日常工作纪律、工作台账、业务开展、帮扶效果等进行监督考核评价，与人员晋升、评优争先、绩效工资考核挂钩。医疗集团制定优质资源下沉任务清单，出台考核方案，涵盖医务、护理、影像、检验、院感等多个部门，为下沉工作成效监管提供依据，确保下沉机制真正落到实处。

截至 2024 年底，累计 573 名医技护管骨干下乡帮扶 48.6 万余天，完成医疗护理质控 273 次，9S 管理、规范化服务等现场督导 408 次，医疗、护理查房 524 次。

二、注入“强心剂”，让设施和设备提供充足的养料

（一）“硬配套”赋能强基

为夯实服务基础，提升基层服务能力，针对基层医疗设备老旧、配备不足等困难，医疗集团持续加大投入力度，开展送设备下乡行动，陆续为基层配备 CT、DR、C 型臂、电子胃肠镜、呼吸机、除颤监护仪等各类设备约 505 台，总投资 3 019.4 万元。投入急救车、急救装备，搭载远程急救网络，建立上郭、冯村等 8 个乡级 120 急救站，缩短急救半径，减少周边病患转运救治时间，有效提高乡村两级的院前急救能力。为全区所有村卫生室配备诊断桌、诊断床、药品柜、输液椅、治疗床等医疗设施设备，配齐电脑、打印机、读卡器等医保办公设备，极大改善了基层医疗卫生机构的就医环境和诊疗条件。

（二）“特色化”激发活力

针对乡镇卫生院、社区卫生服务中心医疗能力薄弱，甚至大部分基

层医疗卫生机构仅开展公共卫生服务、无力开展基本医疗服务的局面，在医共体统一管理的框架下，通盘谋划，确定基层医疗卫生机构“一乡一策、各具优势、特色发展”的策略，对各机构量体裁衣，综合服务人口特征、地域特点等实际情况精准定位，逐步形成各有诊疗特色、各具发展优势的新局面。目前全部基层医疗卫生机构已开展门诊、住院、日间治疗等基本医疗服务，且服务量逐年增长，管理水平逐步规范，实现了“不让一个掉队”的基层医疗卫生机构全面发展的“燎原之势”。

（三）“同质化”信息赋能

投入 1 200 余万元建立覆盖医共体区、乡、村三级的远程会诊诊断系统，区医院专家可通过信息化技术随时响应乡村会诊请求，建立影像、心电、超声、检验、病理等区域资源共享中心，实现“基层检查、上级诊断”。2018 年以来累计开展远程会诊诊断 94.2 万人次。2024 年开展检验、CT、核磁、病理、胃肠镜“基层花费、区医院检查”活动，共计检查 10.39 万人次，为患者节省 145.3 万元。开展检查检验结果互认以来，参与互认 2 025 人次，为患者节省 33.5 万元。5G 系统通过智医助理 AI 辅助诊疗系统为基层全科医师、乡村医生提供常见病、多发病的诊疗决策支持，切实提高乡村诊疗服务效能。

（四）“增后劲”多点提升

打造教育培训和技能实训基地，配备微创手术能力提升系统与内、外、妇、儿、中医等训练模型，打造教、学、考、练全流程培训体系，让区、乡、村三级医务人员实现临床实践与人才培养的协同发展。通过推动优质医疗资源向乡村下沉，构建区域医疗卫生服务体系上下协同联动机制，形成了乡村“人员本领强起来、服务能力提上来、招引人才来就业、吸引群众来就医”的局面。2023 年基层医疗卫生机构门急诊人次比 2018 年增长 261.5%；出院人次增长 113.9%；基层就诊率达 69.7%，增长 24.3 个百分点。

三、点亮“健康路”，基层卫生发展收获累累硕果

（一）基层人才队伍得到加强

基层人员结构不断优化，基层医技护占比由2020年的45.0%提升到2023年的62.9%，后勤行政人员占比由23.4%下降到15.5%。基层人员学历水平得到提升，大学本科占比达36.6%，大专学历占比达40.0%；基层高级职称从无到有，占2.8%，中级职称占比达20.4%，彻底扭转了人浮于事、臃肿沉重的局面。

（二）人才上升渠道不断拓宽

医疗集团形成“区帮乡、乡帮村”梯次帮扶机制，“区聘乡用”，向乡镇卫生院派遣区级医院技术骨干，每年不少于1 200人次，区医院派驻的9名医护、行政管理人员分别担任卫生院院长、副院长、护士长；“乡聘村用”，乡级派驻的65名大专以上学历人员定向帮扶辖区村卫生室，全区230个行政村卫生室中131名村医为大专以上学历，34名正在进行学历提升，村医素质大大提升。医疗集团还为村卫生室落实村医岗位补助和村卫生室运行维护费用，为村医购买养老保险、医疗保险和医疗责任险，解决了乡村医生的后顾之忧。

（三）乡村两级服务功能不断提升

70%的基层医疗卫生机构服务能力达到“优质服务基层行”活动推荐标准，位居全省前列；全部230个村卫生室已全面完成“六统一”标准化建设，其中86个村卫生室高标准配置，打造星级村卫生室4个，功能完善村卫生室7个；居民门诊统筹、基本药物零差率销售实现村卫生室100%全覆盖。

推动优质资源下沉
强化紧密型县域医共体建设

吉林省吉林市磐石市卫生健康局

磐石市紧紧围绕《关于全面推进紧密型县域医疗卫生共同体建设的指导意见》，从深化统筹谋篇、从平台打造入手、从机制创新破局，全力推动优质医疗资源下沉一线，赋能县域综合服务能力高质量发展，积极探索紧密型县域医共体建设磐石模式。

一、强化体系建设，筑牢医共体根基

（一）市委、市政府高度重视基层卫生工作

按照“县级强、乡级活、村级稳、上下联、信息通”的工作主基调，狠抓紧密型县域医共体建设，克服经济下行压力大、财政资金紧张等不利因素，筹措 2 373.4 万元建成县域医共体信息化平台，实现县、乡、村三级医疗资源协同、业务互动、信息共享。

（二）强化组织领导

成立医共体管理委员会，市委主要领导亲自推动，市政府重点工作定期督办，分析医疗机构基本情况、发展潜力和特色规划，综合辖区人口数、建筑面积、人员配备、诊疗量和收入情况等数据，结合辖区居民的意愿和就医需求，整合全域优质资源，以市医院、中医院为核心，联合 22 家基层医疗卫生机构成立 2 家医共体集团，完善工作制度，明确工作责任。

（三）提升服务能力

以强县级为龙头，着力提升市医院、市中医院两院能力，2024 年市医院、市中医院诊疗人次达 58 万，同比 2023 年增加 6%。以盘活乡级医疗资源为目标，推动医防融合协调发展，2024 年全县乡镇卫生院诊疗人次达 21 万，同比 2023 年增加 26.8%。高血压、糖尿病患者规范管理率分别达 87.9%、88.2%，同比 2023 年分别增加 2.8 个百分点、3.5 个百分点。磐石市县、乡、村三级全覆盖的医共体工作成效初步显现。

二、推动资源三下沉，赋能基层卫生健康

（一）推动人员下沉

落实《磐石市紧密型县域医共体优质资源下沉工作方案》相关精神，磐石市医院、中医院、妇幼保健计划生育服务中心、疾控中心选派西医、中医、康复、疼痛、妇科、预防医学等专业技术骨干 38 名扎根基层，定期、长期在乡镇卫生院坐诊、传帮带，率先实现县域医共体牵头医院派驻全覆盖，累计完成 8 736 人次诊疗服务。同时，将诊疗服务向村级延伸，对未配备大专及以上学历村医的村卫生室开展村级派驻服务，派出 41 名执业助理医师及以上资质的医生，帮助村卫生室规范诊疗行为、强化合理用药，提高慢性病诊疗能力和健康管理能力。结合农村居民生产生活特点开展村级巡诊服务，把家庭医生随访融入巡诊工作，加强与签约居民的联系，提高签约服务满意度。2024 年村医队伍中具备执业（助理）医师资格的人数占比达 45.36%，与 2023 年相比，提高了 2.72 个百分点。

（二）推动技术下沉

积极利用信息化手段，依托县域医共体平台，联通乡镇卫生院、村卫生室，市级专家可通过平台响应基层会诊、诊断等请求，推动建立影像、心电、超声、检验等关键区域资源共享，为基层全科医生、乡村医生

提供常见病、多发病诊疗决策支持，切实提高基层医疗卫生机构诊疗服务效能，逐步实现基层检查、上级诊断、检查结果互认共享，精准问诊 500 余人，有效促进双向转诊 298 例，完成远程诊断 1 925 例，较好实现群众在家门口“看好病、少跑路”。

（三）推动服务下沉

全力推动乡镇卫生院中医馆常态化运行，创新探索家庭医生团队吸纳县级医院中医力量，打造示范样板，充分发挥中医药特色，在乡镇卫生院和村卫生室大力推广中医药适宜技术，现场培训超过 500 人次；同时，配套推出中医药诊疗特色服务、送药上门服务、向上转诊绿色通道、“一号通”等便民举措，累计为 5 000 余人提供中医就医便利，带动基层医疗卫生机构诊疗人次增长。2024 年，全市乡镇卫生院中医诊疗人次达 37 843 人，同比 2023 年增加 21%，中医诊疗服务收入达 811 万元，同比 2023 年增加 8%。

三、提升服务减负担，增进群众福祉

（一）实施外联提升行动

推动本地医院与吉林大学白求恩第一医院、北华大学附属医院进行医联体建设，吉大一院等省内知名医院派出专家到磐石市医院开展各类手术 200 余台次；磐石市妇幼保健计划生育服务中心与吉林市儿童医院建立了医联体，开展儿童诊疗 300 余人次，让老百姓在家门口享受到三级医院的诊疗服务。

（二）实施医疗强基行动

深入开展“优质服务基层行”活动，86% 的基层医疗卫生机构服务能力达到基本标准，其中 40.9% 达到推荐标准，18% 建成社区医院。县级财政投入 765 万元，为呼兰镇、富太镇等 21 家乡镇卫生院购置彩超、全自动生化仪等设备 43 台（件），调拨中医院 CT 等设备到乡镇卫生院，全面提升乡镇卫生院诊疗水平。

（三）实施就医减负行动

加强基层医疗卫生机构精细化管理，健全完善内部管理制度，推进医疗质量控制、临床路径管理，促进合理用药，推动科学合理控费，着力从控、降、减三个方面降低患者就医费用，减轻群众就医负担，实现了基层医疗检查项目费用整体下调。基层医疗卫生机构肝功能、心电、超声、化验、X 线等七大项中 16 小项的检查费用下调 10%，为 1.2 万名患者节省检查费用 11 万余元；市医院 120 急救中心县域外转运患者费用单次减免 200 元，为 600 余名患者累计节省 12 万余元。同时，市医院和市中医院开展“挂一次号管三天”，即就医当日起，在“三日”内因同一疾病、同一病程，在同一院区、同一科室就诊时，不再重复收取挂号费、诊查费。打造“一站式综合服务中心”，患者在同一区域能够完成便民设施使用、医疗文书盖章、特殊报告查询、检查检验预约、医保咨询、投诉接待、导诊咨询、清单收据打印等项目，极大减少等待时间。

（四）实施就医便民举措

为提供更人性化的医疗服务，方便群众就医，切实解决看病难的问题，以基层医疗卫生机构为落脚点，推出“延时服务”暖心举措，为群众提供延时服务和接种预约服务。基层医疗卫生机构在微信朋友圈、微信群、公示栏大力宣传延时服务及预约电话。截至 2024 年底，3 家社区卫生服务中心和 19 家乡镇卫生院全面推行延时服务预约举措，提供电话、微信等预约方式，开展儿童及成人免疫规划预防接种服务。同时结合辖区居民需求、日常作息时间等，在每周六上午开展预防接种延时服务，累计延时接种 470.5 小时、接种 1 240 人次。延时服务解决了“上班上学没空看病，下班放学没处看病”的问题，改善了群众的就医体验，提高了群众获得感和满意度。

创新实施医卫人才县乡管理新模式 助力紧密型县域医共体建设

浙江省舟山市岱山县卫生健康局

探索优化基层医疗卫生人才培养模式，是提高基层医疗卫生机构服务质量、实现“健康中国”战略目标的重要途径。岱山县面对海岛医疗卫生资源分散、交通不便的现状，立足海岛县情特点，以深化紧密型县域医共体建设为契机，创新实施海岛医疗卫生人才“县乡一体”管理机制改革，开启县乡统筹管理运作新模式，实现人才配置模式从“单兵作战”转向“集团作战”、人才互动机制从“单向流动”转向“双向循环”，服务供给体系从“同域管理”转向“跨岛统筹”，助推优质医疗资源扩容和县乡均衡布局，切实向“省力省钱看好病”的目标靠拢迈进，显著增强了海岛居民的医疗获得感和幸福感。

一、工作举措

（一）聚焦“招不进”问题，实施编制管理一体化

针对海岛基层医疗卫生机构医务人员招录困难问题，优化创新编制调整、统筹使用及人员招录举措，助推基层医疗卫生队伍资源提质扩容。**一是用编“一池子”，提升使用效益。**整合医共体 10 家成员单位的编制资源，设立全县医疗卫生人才编制池，将县级医院和乡镇卫生院分别作为一个集合，允许编制共用。优化编制核定管理，明确医疗卫生机构编制三年一核，且充分考虑村卫生室和急救机构用编需求。在核定

的编制总量内，由医共体结合当年实际需求提出年度用编计划，一次核定分批使用，高效配置县域医共体机构编制资源。**二是招人“一平台”，充实人才力量。**创新设置“县乡一体”专项岗位，将以往各单位“散招”改为牵头医院“统一招聘、统一入编、统一培训”，缓解离岛医疗卫生机构招人困境。**三是调动“一家人”，促进良性流动。**允许县级医院（报备员额）与基层医疗卫生机构人员双向流动，流转 1 年以上人员按服务单位性质入编，打通人员流动身份壁垒，实现县乡医疗卫生机构人员无障碍流通。兼容事业编和报备员额制差异，采取“老人老办法，新人新办法”，稳妥推进改革衔接落地。

（二）聚焦“流不动”问题，实施人员流转一体化

按照“县级帮扶基层、本岛帮扶离岛”的原则，推动优质医疗资源向海岛基层医疗卫生机构流动，稳步提升海岛医疗卫生机构服务能力。**一是流转“有方”，机制更加系统化。**重构流转机制，通过增配“县乡一体”专岗人员实现下沉流转的长效可持续循环。明确专科类医务人员以下沉海岛县级医院为主，原则上每轮次服务期限不少于 6 个月；全科类医务人员以下沉基层医疗卫生机构为主，原则上每轮次服务期限不少于 1 年。为防止牵头医院虹吸，从严把控牵头医院借调进人，确保基层人员稳定性。**二是整合“有招”，资源更加集约化。**以编制重核、资产重组、人员重整、政策重定推进衢山岛县乡医疗资源深度整合，重组行政、公共卫生、院感等职能科室，设立体检、检验等共享中心，打通县级医院与乡镇卫生院间人员互动，提升人员配置效率，实行“一座岛屿一个乡镇一家医院”的运营管理模式，让海岛群众进“一道门”享受“一站式”医疗健康服务。**三是下沉“有力”，帮扶更加精准化。**针对衢山岛专科医生不足、医疗能力提升慢等问题，建立以医共体牵头医院为主体的“多院区大科室”机制，实现 3 家县级医院专科类医务人员共建共享，填补岱山县第二人民医院部分科室及诊治项目的空白。依托浙江大学医学院附属第二医院全科医学团队，构建“省县乡一体化”县域全科医学培训体系，扎实提升基层诊疗服务水平。

（三）聚焦“留不住”问题，实施要素保障一体化

针对海岛医疗卫生机构医务人员流失多、医疗人才留住难等问题，破解财政保障、薪酬绩效等制度性壁垒，提升医务人员工作积极性。**一是资金“一本账”，财政保障更到位。**全面下放财政资金调配权，由医共体统一调配使用各级各类补助资金，建立“县乡一体”财政专项补助机制。对牵头医院新招录“县乡一体”的岗位人员，按基层医疗卫生机构经费标准予以保障；对下沉离岛人员，自 2024 年 7 月起按初、中、高级职称分档给予下乡补贴，确保下沉期间绩效工资不低于原所在科室平均水平。**二是考核“一体系”，绩效分配更自主。**落实薪酬分配自主权，注重体现岗位差异，重点向基层和海岛一线岗位医务人员倾斜。实施新一轮薪酬绩效改革，优化设计基本公共卫生服务项目、基层“两慢病”管理、家庭医生签约服务等群众服务项目当量，确保多劳多得、优劳优酬。**三是激励“一张网”，实绩导向更凸显。**对下沉服务期间成绩突出的人员，在职称晋升、岗位聘任、课题申报等多方面优先考虑，优先推荐参加省级医疗机构进修和各类人才评选，择优提拔进入各级医疗机构管理团队。

二、取得成效

（一）帮带基层医疗水平，“流动”促“下沉”

在县域医共体建设框架下，“县乡一体”用人制度的深化实施产生了传导效应，在一定程度上提高了基层岗位吸引力，缓解了基层人才招引用留困境。2024 年底首批推出的 15 个“县乡一体”岗位达成初步意向 12 人。通过建立“编制池”动态管理机制，实现县域内医疗卫生人才“所有权”与“使用权”的分离，构建起需求导向、精准匹配的人才流转体系，进一步细化分类医疗卫生人员流转渠道，科学健全了医共体成员单位间“下沉、流动、共享”的用人机制，为基层医疗卫生机构注入新活力。与此同时，“县域医共体医生全科岗位胜任力提升培训项目”落地，

2024 年域内 130 名全科医生及临床低年资医生完成第一轮培训，持续加快全科医生技术水平培优。医疗健康集团全年累计下沉衢山、长涂两岛医务人员 31 人，特别是向岱山县第二人民医院派驻的内镜团队，2024 年成功完成了衢山镇大肠癌筛查工作，解决了基层医疗卫生机构人员紧缺问题，提升了基层医疗卫生机构服务能力，助推实现县域内医疗服务资源优质均衡。

（二）建强专业人才队伍，“输血”又“造血”

以体制机制改革为驱动，切实发挥县第一人民医院牵头作用，统一开展医疗卫生人才招聘、培训、管理，使新招人员的素质得到整体提升，为人才队伍建设夯实了候补梯队。2024 年优先安排 9 名基层医疗机构人员赴上级医院进修培训，通过“输血”与“造血”并举的方式，为基层医疗卫生机构培养了一批高素质的医疗卫生人才。改革还重点强化了对离岛医疗机构的人才支撑，如在首批下沉人员中，县第一人民医院安排 7 名高资历专科医生帮扶海岛医院相应科室，下沉人员不仅有了数量上的突破，更实现了质量上的飞跃，促使海岛医疗机构迸发内生动力，特别是在急诊急救、常见病诊治等方面整体实力得到强化，为岱山县第二人民医院创建二级乙等综合医院夯实了学科建设基础。改革启动以来，岱山县第二人民医院新增神经外科、肾内科、骨科等科室 9 个，新增诊治项目 10 个，2024 年下半年住院人次较去年同期上升 12.52%，切实增强了海岛群众的就医意愿和健康保障水平。新开设的血液透析室累计服务患者达 192 人次，帮助海岛患者告别跨岛奔波、离乡就医的困境。

（三）丰富保障激励措施，“职业”变“创业”

通过资金保障、医保支持、激励引导等机制创新，充分调动医务人员下沉服务基层医疗卫生机构的积极性，形成“人才下沉 - 能力提升 - 服务优化”的良性循环生态。如通过“县乡一体”财政专项补助和下乡补贴机制的完善，下沉医生的薪酬等待遇得到保障，由原来“下沉是任务”变成现在“流转是事业”“安心服务基层、共谋事业发展”的信心和底气更足。2024 年医院管理团队人员调整期间，2 名有下沉服务基层经历人员在同等条件下被优先考虑进入县级医院管理团队，体现出对下沉服务的认可与激励。多方面的保障措施促使医共体内人才队伍结构不断优化，流转人员服务基层的主动性更加强烈，基层医疗卫生机构人才队伍在数量和质量上不断提升，为满足海岛群众的健康保障需求提供了有力支撑。

以医共体建设为抓手
推动基层医疗服务更优质更均衡

浙江省嘉兴市海宁市卫生健康局

2019 年 1 月，海宁市组建了海宁市人民医院、海宁市中医院、海宁市中心医院三家医疗集团，将全市所有镇（街道）卫生院（社区卫生服务中心）以及下辖的村卫生室（社区卫生服务站）纳入一体化管理，启动了紧密型县域医共体建设。近年来，三大医共体主要通过资源利用高效化、技术管理同质化、运行管理一体化等方式推动基层成员单位运行能力持续提升、医疗服务能力持续提升、群众家门口就医获得感持续提升。2024 年成员单位年门急诊人次增长率、年出院人次增长率较改革前同期分别提高了 29.8%、76.2%。2024 年成员单位年门急诊人次增长率、年出院人次增长率较 2023 年分别提高了 6.0%、25.3%，较牵头单位同期增长率（分别 −0.4%、−1.2%）高 6.4 个和 26.5 个百分点。

一、创新举措

（一）以基层用药为突破口，推动药事服务可及统一规范

1. 统一目录，推动用药可及 2023 年以海宁市三家医共体集团为重点单位，综合群众用药习惯、医保药品集采、药品性价比等需求导向，按照“1 + 带量 + 1”（即 1 种原研药 + 带量采购药 + 1 种常规药）原则，统一了海宁市公立医疗机构慢性病药品目录，共计 167 个种类。2024 年进一步扩充“两慢病”目录，现所有基层医疗卫生机构高血压、糖尿病两

种慢性病可配药品达到 215 种以上。另外，各成员单位根据牵头医院外配处方目录以及辖区群众就医习惯合理建立外配药品目录并纳入医院药事统一管理，增加群众购药途径。同时，为满足部分患者特殊用药需求，制定《海宁市家庭医生签约服务代配药工作制度》，各成员单位积极开展代配药服务，由成员单位向牵头医院提出采购申请，实行闭环反馈管理，在 1 周内代配到位，实现群众在家门口可配到在省级医院同样的药品。

2. 建立制度，推动药事采购规范 以清廉医院建设助推全面从严治党向纵深发展，制定《海宁市公立医疗机构新药引进制度（试行）》，强化医共体药事管理与药物治疗学委员会职责，成员单位需报请医共体药事管理与药物治疗学委员会同意，进一步规范全市医疗机构新药引进的原则、程序以及专家评审原则，实现新药引进过程中的“主张权”和“决定权”分离，筑牢医院药品防腐败的篱笆，有效促进全市药品统一目录和药品质量同质化。

3. 强化质控，提升药事服务质量 各医共体药事管理与药物治疗学委员会每季度定期召开药事工作会议，负责研究、讨论和决定全院或医疗集团的药事管理与药物临床应用等相关工作。医共体内每季度开展成员单元临床药物、处方点评监督检查，指导问题整改，实现医共体内同质化管理。同时各医共体积极探索开展入户、集中宣教等药学指导服务，解决海宁居民尤其是老年慢性病居民对家庭用药知识的需求，打通用药服务从医到家最后一米。2024 年，仅市人民医院医共体已开展药学专业科普宣教活动 19 场，受益群众 2 000 余人次。海宁市人民医院医共体被授牌为浙江省第一批县域医共体药事管理示范单位。

（二）以共建共享为突破口，推动检查检验服务同质

1. 逐步丰富共享项目 建立了市影像诊断中心、临床检验中心、病理诊断中心、心电会诊中心。2024 年重点围绕血常规、心电图等普通检查检验服务进一步扩充了“最后一公里”基层站点服务内容，推动心电一张网建设，并制定了心电会诊中心、影像诊断中心长效机制，明

确了会诊时间、质控机制、疑难病症和急诊处理流程、危急值处理等处置规范。截至2024年底，全市136家社区卫生服务站（村卫生室）通过定时定点模式开展采血送检服务，并实现服务全覆盖。2025年3月底前将实现村级心电仪全覆盖。

2. 深入推进共享互认　在建立临床检验检查共享中心，实现检查检验不断同质化的基础上，构建全民健康系统平台，集合区域内公立医疗机构检查检验数据结果，搭建云影像平台，打破机构壁垒，让数据在区域内实现无障碍共享调阅，助力医疗资源高效流通。同时，全面升级市、镇、村三级卫生健康信息化系统，全面开放信息接口，将互认共享纳入转诊流程。现已实现对116项检验项目、320项检查项目和7项病理项目结果互认，约覆盖80%的常规检查项目，同时做实精准提醒与精准互认、信息系统锁定，实现互认不开单等功能，减轻群众就医负担。2024年，全年调阅495 526次。

3. 深化双向转诊服务　制定《海宁市县域内双向转诊就医管理办法（试行）》，明确转诊基本原则、牵头单位及成员单位工作职责，制定了转诊疾病分类、转诊流程，进一步推进分级诊疗服务模式逐步完善。同时升级双向转诊平台，全面接入省双向转诊平台，建立浙政钉“双向转诊消息通知群”，牵头单位成立转诊办，实施专人负责，确保转诊信息及时接收并处理。2024年全年，上转患者15 875人次，下转患者8 189人次，其中下转住院患者704人次，较2023年分别增长6.9%、79.78%。

（三）以资源下沉为突破口，推动医疗能力优质均衡

1. 专家下沉，精准精细　从下沉专家质量、数量以及下沉距离三方面着手，实施“一日专家、常驻专家”双轨并行的下沉制度，并持续推动专家向“最后一公里”下沉，满足群众就近就医需求。2024年，常驻专家19名，每月派驻一日专家69名，其中副高及以上职称占比85.50%，有10名专家直接到村卫生室（社区卫生服务站）坐诊。同时结合每个镇街道辖区人群特点以及群众需求，有针对性地下沉市级专家。如海宁市黄湾镇大型企业多，外来务工人员多数为年轻人，外伤患者相对较多，牵头单位及时调整下派方案，选派3名副高及以上职称的

骨科、外科等医生每周下沉黄湾分院坐诊，同时对分院全科医生加强清创、骨折固定等处理能力培训，输血与造血双结合模式持续提升成员单位能力。

2. 技术下沉，清单管理 医共体每季度通过工作会议，在基层医疗卫生机构硬件设施设备全面优化的基础上，根据成员单位需求制定技术下沉清单，精准选择下沉专家团队推动其新技术新项目开展，提升综合服务能力，满足群众服务需求。2024 年，三大医共体牵头单位选派消化、中医等专家推动 5 家成员单位开展胃镜检查，开展新技术新项目共 12 项，村级心电服务培训、中医药适宜技术开展全覆盖。

3. 管理下沉，专业赋能 成立医共体党委，成员单位党组织关系归口牵头医院；牵头医院、疾控中心均选派年轻优秀的中层干部到基层医疗卫生机构担任院长或公共卫生分管副院长。成立两办八大中心，启用医共体统一账号，实行用药目录、医用耗材器械等统一采购、管理，设立专门账户，实现财政资金统一拨付医共体；设立人事管理中心，开展统一招聘与职称评聘；医疗技术管理中心、护理中心、院感中心、药事管理中心、安全管理中心、医保管理中心等管理中心制定统一规范、制度，并定期按照牵头医院标准开展培训、督查，不断推动医院管理、医疗服务能力同质化、一体化。

二、取得成效

（一）实现群众基层就医“三”个度持续改善

实现了群众基层就医满意度持续保持，就医负担度持续减轻，就医便捷度持续提升。第三方机构对基层医疗机构满意度测评持续五年保持在 90 分以上。2024 年，精准调阅率持续稳定在 96% 以上，平均节约就医检查时长 2 小时，全年检查检验互认 18.96 万项次，节约资金约 357.49 万元，有效减轻就医负担。2024 年成员单位包含村卫生室（社区卫生服务站）开展代配药服务 30 634 人次，村卫生室（社区卫生服务站）开展采血送检服务超 2 万人次，就医便捷度持续提升。

（二）实现基层医疗卫生机构“四”个能力大幅提升

基层医疗卫生机构综合服务能力、医疗服务能力、急救服务能力、运行能力都实现了大幅度提升。2024 年，成功创建社区医院、重点中心乡镇卫生院各 1 家；除市中心医院长安分院因与牵头医院市中心医院在同一镇且距离很近而未设病房不符合创建标准外，达到“优质服务基层行”推荐标准单位实现镇（街道）全覆盖。基层床位使用率达到 60.26%，较改革前（45.66%）提升 14.6%，基层就诊率达到 71.48%。实现基层胸痛救治单元全覆盖。成员单位医疗服务收入较改革前提升 112%。

（三）实现机构内部“五”个资源高效化利用

坚持共建共享，推动公立医疗资源最大化利用，实现了市、镇、村医疗服务质量同质化。2024 年，市影像诊断中心服务超 54 万人次，心电会诊中心服务超 21.7 万人次，临床检验中心服务超 151.9 万人次，病理诊断中心服务超 4.6 万人次，中药共享中心服务 12.14 万人次。另外，2024 年海昌街道社区卫生服务中心已提前实现心电一体化建设，建设后成功高效救治 2 名心肌梗死患者，建设成效得到国家胸痛中心专家的认可，受邀参与 2024 年全国心血管健康大会，交流分享胸痛救治网站建设经验。

深化总院中心药房建设
聚力提升县域药品供应保障水平

安徽省六安市霍山县卫生健康委

安徽省六安市霍山县位于大别山腹地，是一个典型的山区、库区和革命老区县，县域面积 2 043 平方公里，全县共有 16 个乡镇，常住人口 28.6 万，有一半的乡镇和人口在山区。2023 年 7 月，县委、县政府将原以县医院、县中医院为牵头医院的两家医共体集团合并重组，成立霍山县医共体总院，搭建“一总院三集团”管理架构，具有霍山特色的紧密型县域医共体“霍山模式”不断更新升级。霍山县整合资源、完善体系、信息赋能，以中心药房建设为抓手，进一步提高同质化管理水平，基层药品供应保障管理取得明显成效。

一、主要做法

医共体总院在 3 家医共体集团分别成立中心药房，强化药事管理，依托县、乡、村统一的医院管理信息系统（HIS）实现医共体内各医疗机构医疗药品信息互联互通，扎实推进药品遴选、采购、配送、回款、药学服务“五统一”管理，构建县、乡、村三级同质化药事服务体系，打通山区群众近便购药、安全用药“最后一公里”。

（一）制定遴选规则，统一用药目录

为了将总院、乡镇分院药品目录整合统一，中心药房通过充分调研、优化整合，牵头制定了整合原则，明确以“685 国家基药”、通过一致

性评价、同质量层次价低品规及平台有价格品规优先，兼顾不同剂型及规格。2019 年 7 月，通过召开医共体药事会，将总院、乡镇分院原有的 3 890 多个西成药品规优化为 1 160 个西成药品规，将总院、乡镇分院原 1 000 余种中药饮片合并为 481 个品规，同时在保持原供货公司不变前提下统一采购价格。用药目录统一后，县医共体总院每年至少召开一次医共体药事会，根据国家集采、国家医保谈判药品等最新政策，结合医共体各成员单位实际用药需求，对医共体用药目录实时更新、动态调整，保证药品目录科学性、适用性。

（二）配置专用账户，统一网上采购

中心药房为方便基层医疗卫生机构按需采购，在安徽省医药集中采购平台总院账户下为各乡镇分院配置子用户，规定村级医疗卫生机构每月或每个季度 5 日前将常用药品清单内需采购药品报各乡镇分院汇总，每月 10 日前由各乡镇分院在省医药集中采购平台通过子用户申报本单位药品采购计划，再经中心药房审核把关，整个医共体需求汇总后提交，做到医共体药品统一采购，医共体以量换价、量价挂钩，与药械供货企业二次议价，降低药品采购成本。

（三）优化入库流程，统一集中配送

医共体总院与符合“两票制”的供货企业统一签订购销合同，各供货企业在安徽省医药集中采购平台收到药品计划后，根据采购需求，总院采购药品送至总院，乡镇分院、村级医疗卫生机构采购药品由供货企业直接送至分院药房，经分院药学人员验收签字后将验收单送到总院中心药房统一入库，然后中心药房在医共体药品信息系统将采购数调拨至各乡镇分院，各乡镇分院药房点击确认收货，分院药房库存数自动增加。

（四）强化财务管理，统一药款支付

医共体总院制定医共体药品货款结算办法和货款管理制度，要求各药品配送企业次月 5 日前开具与当月清单总额一致的合法有效结算

税票，由乡镇分院药房人员将签字后的出库单与分院入库单核对相符后交分院财务科入账，由分院财务科上报总院财务科，按程序统一支付药款，药款支付流程进一步优化。

（五）注重制度建设，统一药学服务

医共体总院定期召开药事会，先后审议制定药事管理措施 20 多项，加强医共体成员单位的药事管理。中心药房制定《集团药品采购、验收、储存与养护管理制度》《关于进一步加强药品不良反应 / 医疗器械不良事件监测报告工作的通知》等工作制度，进一步规范全流程管理，优化发药流程，药师主动为患者提供药学服务。先后培养 6 名临床药师，定期下沉乡镇分院进行药学服务带教、督导和交流。医共体总院将各乡镇分院药事质控情况纳入考评，激励基层药师利用 HIS 参与临床会诊、收集药物不良反应信息及查询药事管理数据等，提供高质量药学服务。

（六）完善平台建设，赋能药事管理

2022 年投入 100 万元上线处方前置审核与合理用药智能管理系统软件，对医共体各成员单位临床用药的规范性和安全性进行动态监测，提升医共体内合理用药水平和药学服务能力。2024 年 9 月，医共体总院实施信息化建设提升项目，新建覆盖县、乡、村三级医疗卫生机构的药品信息化管理系统，上线慢性病管理系统，打通公共卫生与医疗机构、医保报销清单之间的信息壁垒，县内各级医疗卫生机构间实现信息共享、检验检查结果互认、医疗医药统管。

（七）加强药品供应，保障基层需求

一是畅通供应渠道。建立县乡村药品供应、用药衔接机制，中心药房配备一定数量的急诊急救药品和慢性病等的常用药品，乡镇分院药品短缺时，可随时从中心药房调拨，村级药品短缺也可随时从乡镇分院领取，确保患者用药有效衔接，方便患者就近取药。**二是**动态调整目录。截至 2024 年底，医共体总院共有西成药目录品规 1 708 个、中药

饮片目录品规 554 个，其中“两病”药品 103 个品规；乡镇分院根据诊疗需要，配备西成药品规 308～506 个、中药饮片品规 250～450 个，其中“两病”药品 59 个品规；村卫生室药房配备西成药品规 100～320 个、中药饮片品规 96～360 个，其中“两病”药品 50 个品规。**三是**满足特殊用药。建立应急采购机制，对特殊患者用药，由临床医生填报《集团目录外药品临时采购申请表》，通过中心药房应急采购。2024 年度中心药房共计完成临采药品 268 个品规，充分满足了全县慢性病患者等的特殊用药需求。**四是**织牢村级药品供应网。2024 年 10 月，霍山县卫生健康委和医保局制定《霍山县村级医疗卫生机构常用药品清单（2024 版）》，将村卫生室常用的 320 个品规纳入中心药房供应范围，其中“两病”药品均为集采药品，价格与县乡医院一致，实行零差率销售。

二、工作成效

（一）大幅增强了基层药品供应保障能力

医共体总院建立全县统一的用药目录为后续的采购、配送、结算奠定了坚实基础，进而实现乡、村两级慢性病、常见病药品与县级医院同范围、同目录、同品种，极大地保障了基层医疗卫生机构慢性病、常见病药品的及时配备供应，更好地满足了上下转诊用药需求，有力推动了县、乡、村三级用药衔接，实现让患者在家门口就近取药并享受医保报销政策，达到信息多跑路、群众少跑腿，改善群众就医体验的目标。

（二）切实提高了基层药品管理质量

医共体总院中心药房充分发挥 HIS 的信息化优势，对区域内医疗机构急救、抢救药品进行实时监控，设置三个月内到期药品弹窗预警，进一步加强近效期药品管理，建立总分院之间药品相互调剂使用机制，避免了过期失效药品造成的浪费，实时监测医共体内各单位药品使用情况，及时发出预警提示，多措并举确保医共体内的药品质量和用药安全，全力保障基层医疗卫生机构购药、用药。

（三）有效提升了基层合理用药水平

医共体总院中心药房临床药师通过常态化开展总分院处方前置审核、处方点评、临床会诊以及收集、分析、反馈药物安全信息等指导临床规范合理用药，定期督查通报、及时兑现奖惩，促进临床合理、合法、合规用药。经过近些年中心药房的探索建设与规范化运行，医共体内的抗菌药物使用强度，由 2019 年的限定日剂量（Defined Daily Doses，DDDs）为 95 降至 2024 年 12 月的 29.8，门诊处方合理率由 2019 年的 49.8% 提高至 2024 年 12 月的 93.9%。

弘扬“中国药都”中医药文化精髓 奋力打造中医药医共体“樟树样板”

江西省宜春市樟树市卫生健康委

樟树市委、市政府高度重视紧密型县域医共体建设工作，着力在中医药医共体构网格、创特色、重机制等方面下功夫，结合实施“中国药都”振兴工程，统筹全市中医药服务资源，传承樟帮中医药文化精髓，积极挖掘中医药服务潜力，在全市范围内构建了体系完整、功能互补、高效协同的紧密型中医药医疗卫生服务体系，奋力打造中医药医共体“樟树样板”。

一、织密“一张服务网”，优化医共体中医事业服务圈

（一）坚持做大做强中医医共体牵头医院

樟树市中医医院作为中医医共体牵头医院，一方面，通过靠大联强，积极与江西中医药大学、江西省中医院等省内外高等院校和医疗机构“联姻”，挂牌成为江西中医药大学附属樟树中医院、江西中医药大学附属医院医联体合作单位。建立专科联盟，由江西中医药大学、江西省中医院选派优秀人才到樟树市中医医院挂职副院长，带动医院学科建设水平和整体水平提升。充分利用江西中医药大学和江西省中医院人才资源优势，定期选派专家到樟树市中医医院开展坐诊、教学查房、科研合作、学术交流、指导科室建设、派出实习生等活动，同时，加强与广东、福建、上海等地三级医院合作，积极选派医务人员前往进修培训，

2024 年外出进修培训 30 余人，有效提升了医务人员医疗水平与能力。另一方面，樟树市中医医院以创建三级中医医院为契机，完成异地新建搬迁，购置了一批先进的中医诊疗设备，业务用房从 2020 年的 8 087 平方米增长至 2024 年末的 71 358 平方米，增长 782%；手术数量由 2020 年的 2 930 台次增长到 2023 年的 3 429 台次，增长 17%；门急诊人次由 2020 年的 8.48 万次增长到 2023 年的 13.98 万次，增长 65%。医院人才队伍建设、临床科室建设、专科建设、中医药文化建设等方面整体实力显著提高。

（二）提升医共体成员单位中医服务水平

在全市所有的基层医疗卫生机构打造一批诊疗能力强、辐射带动作用明显的精品中医馆，覆盖了全市 21 个基层医疗卫生机构，形成了“镇镇有医馆、处处可把脉”的中医服务体系。此外，充分发挥热敏灸健康养生技术在预防保健及治疗慢性病方面的优势，推动全市 21 个基层医疗卫生机构成为江西省中医康复（热敏灸）联盟成员单位，并将阁山镇卫生院打造成省级基层热敏灸综合服务区建设单位，让热敏灸技术惠及更多群众。构建了以樟树市中医医院为龙头和支撑，基层医疗卫生机构为主体，民营中医医疗机构为补充的中医诊疗服务网络，促进上级资源下沉，建立对口支援帮扶机制，选派牵头医院樟树市中医医院的医务人员定期下沉到基层医疗卫生机构，开展巡诊带教，加强基层医疗卫生机构中医临床科室建设，带动了医共体内中医药服务水平快速提升，越来越多的群众相信中医、选择中医。全市各基层医疗卫生机构中医业务收入增长迅速，中医业务收入从 2020 年的 4 740 余万元增长至 2023 年的 14 988 万元。

二、打造“一条特色街”，建设全国中医治病新高地

2022 年创造性打造了中医医共体特色街区“樟帮中医药一条街”，旨在突出中国药都在中医诊疗方面的“特”和“精”的优势，聚焦为群众提供优质高效的中医诊疗服务。该街区的国医馆以樟树市中医医院为

支撑，21 家基层医疗卫生机构共同参与，在省卫生健康委、省中医药管理局的大力支持下，常态化邀请省内外三级公立中医医院专家、省中医药中青年骨干在“樟帮中医药一条街”开展大型义诊、坐诊活动，为樟树市乃至全国各地的群众提供高品质、高水平、高标准的健康调理、中医康复、针灸艾灸、煎药开方等全套中医诊疗服务，打造全省乃至全国中医治病新高地，擦亮了“看中医，到樟树”的品牌。截至 2024 年末，共有 390 余位专家来樟树市坐诊带教，服务群众 7.3 万余人次。省内外专家在义诊、坐诊期间，樟树市选派中医医院、基层医疗卫生机构的年轻中医师进行一对一跟诊学习，跟诊学习达 4 700 余人次。同时，举办中医健康知识讲座、经方培训班、中医专题知识讲座等活动 90 余场次，为樟树市培养了一支 200 余名带不走的本土执业中医诊疗队伍。

三、建立“四项新机制”，探索医共体中医药服务新路径

以中医药“四共四提升”为突破口，建立和完善中医药服务共建共享机制，让更多群众在“家门口”享受优质的中医药服务。

（一）共建中医馆

市中医医院与全市 21 家医共体分院共建标准化乡镇卫生院中医馆，包括各具特色的中医药治疗室和中医药文化健教长廊。

（二）共创名医工作室

依托严万顺名医传承工作室、甘淳全国名老中医药专家传承工作室、付勇针灸康复名医工作室等“五室一站”和乡镇卫生院的基层名老中医药传承工作室，采用师带徒、跟班学习、专家派驻等方式，提升全市中医师中医诊疗能力，推动医共体中医院服务水平的提高。

（三）共学中医药适宜技术

以市中医医院为支撑，建设覆盖全市的中医药适宜技术培训基地，

形成市、乡、村三级培训体系。定期组织医共体中医师参加市内、广东、广西等地的中医药适宜技术培训，2024 年，组织中医师参加各类培训 1 700 余人次。扩大各项中医药适宜技术在临床中的应用，实现所有乡镇卫生院（社区卫生服务中心）能够规范开展 6 类 10 项以上中医药适宜技术。

（四）共享中药房

市委、市政府以破除制约中医药发展的体制机制障碍和政策壁垒作为突破口，多次组织人社、财政、卫健、医保、市场监管等部门召开协调会议，共同推动共享中药房建设工作。2024 年 8 月，建设了覆盖辖区内乡镇卫生院（社区卫生服务中心）的共享中药房，建立了信息互联、处方流转等中药房数字化平台，实现了中药饮片统一采购、审方、调配、代煎、配送，实施同质化管理。2024 年 8—12 月，市中医医院共享中药房通过代配、代煎、免费代送等流程，为患者免费配送代煎中药近 1 600 人次，共 11 200 余剂，为广大群众提供了“高效、便捷、质优、安全”的中医药服务，提高了患者的就医体验，获得群众一致好评。

以中心药房建设为契机 全面推进药学服务高质效发展

山东省临沂市费县卫生健康局

2022 年以来，费县强化基本药物功能定位，完善基层药品供应保障体系，推动国家基本药物制度、医保药品目录管理制度落实，完善药品集中带量采购常态化、制度化建设，积极稳妥推进县域医共体中心药房建设，为推进药学服务能力水平全面提升、保障群众用药安全、助力县域医共体建设发挥了重要作用。

一、以项目试点为契机，全面推进县域中心药房建设

（一）深度研究、及时启动

费县组织召开卫健、医保、市场监管三部门主要负责人参加的部门协调会议，联合印发《费县县域医共体中心药房试点工作实施方案》，成立了由县卫生健康局主要负责同志任组长，卫健、医保、市场监管、人民医院分管负责同志任副组长的领导小组，县卫生健康局同步成立指导专班、工作推进专班，进一步加强了组织领导和业务指导，确保试点工作稳步推进、卓有成效。

（二）奠定基础、跟进落实

成立由费县县域医共体牵头单位县人民医院负责人任主任委员，药学及医务部门负责人任副主任委员，由具有高级技术职务任职资格

的药学、临床医学、护理和医院感染管理、医疗行政管理人员及各成员单位药剂科主任等为成员的费县医共体药事管理与药物治疗学委员会，全面负责费县医共体药事管理，健全了组织架构，规范日常工作开展，健全药品遴选流程，加强药物临床应用管理，保证临床用药合理。截至 2024 年底药事管理与药物治疗学委员会累计开展药学服务 16 次。

（三）搭建平台、加强交流

多次联合县总工会举办“费县基本药物合理使用技能竞赛”，竞赛分理论笔试、技能测试、现场问答三种方式，突出处方重整、特殊人群用药方案调整和特殊情境用药方案调整等重点内容，经过层层选拔，选拔出三名选手代表临沂市参加全省县域医共体基本药物技能竞赛，荣获全省团体二等奖。通过以赛促学、以赛促练，对卫生专业技术人员临床合理用药专业知识的掌握程度及熟练运用基本药物的基本能力情况进行科学评估，便于决策推进工作。

二、以中心药房建设为载体，全面规范药品采购使用管理

（一）用药目录管理逐步规范

基层医疗卫生机构药品目录达到 696 个品种、1 178 个品规，其中基本药物 406 个品种，占比 58.33%；国家集采药品 275 个品种，占比 39.51%；国家谈判药品 64 种，占比 9.20%。费县县域医共体成员单位药品配备平均重合率达到 83.67%，对比中心药房开展前配备的药品平均重合率提高 17.70%。

（二）药品采购实现高质高效

严格按照县域医共体药品采购供应管理制度与流程，并通过县域医共体遴选药品目录，确定了采购、配送流程等要素。目前药品网采的成员单位覆盖率为 100%，药品采购三天到货率达到 96.20%，对比中心

药房开展前提高 11.4 个百分点。平均到货时间 2.6 天，对比中心药房开展前提高 1.4 天。

（三）药品储备能力继续增强

强化县域医共体中心药房短缺、易短缺和急救药品的储备机制建设，制定《费县县域医共体突发事件药事管理应急预案》《费县县域医共体突发事件应急药品目录》《费县县域医共体烧伤突发事件应急药品目录》《费县县域医共体食物中毒突发事件应急药品目录》《费县县域医共体外伤突发事件应急药品目录》，明确各类应急药品 34 种，对比 2022 年度中心药房增加 16 种，在费县人民医院药品管理科存放。

（四）药品使用监测成效明显

医共体内开展药品使用监测工作的成员单位覆盖率为 100%；药品身份认证编码匹配率达到 90% 的成员单位占 100%，按要求规范报送药品使用监测数据的成员单位占 100%，短缺药品直报系统覆盖医共体内 100% 成员单位，医共体内开展药品不良反应监测工作的成员单位覆盖率为 100%。2024 年度医共体成员单位共上报药品不良反应 1 604 例，平均上报不良反应例次为 134 次 / 月，均有不良反应处置记录。

三、以强化药学服务为重点，不断推动整体能力水平提升

围绕处方点评、数据规范、药学培训、下沉帮扶、药品规范“五个同质化”，以队伍建设为基础，以完善制度为关键，以药学服务为重点，以群众满意为目标，全面提升药学服务质量。

（一）强化人才队伍建设

县域医共体内药学人员达到 231 人，其中临床药师 21 人、研究生学历 22 人。成立药品规则维护小组，维护处方前置审核软件的药品规则 6 892 条，新增模块 4 个。2024 年度组织各单位药师开展培训、交流

58 余次，累计参加培训人员 1 676 余人次。

（二）规范完善制度建设

制定印发《进一步规范医疗机构药事管理意见》，完善同质化处方点评制度，制定统一的处方审核、药学服务规范。县人民医院组成了处方点评和处方审核团队、各成员单位成立处方点评专家领导小组，以点带面层层抓好落实，为患者提供优质药学服务。建立同质化帮扶机制，牵头医院履行主体责任。印发《全县卫健系统药品安全重点领域专项整治工作方案》，对制度机制建设进行全面规范，整改存在问题 39 条，制定整改措施 42 条，完善各项制度 65 个。

（三）切实强化药事服务

医共体内每周组织各单位药师开展培训、交流，下沉基层帮扶药事管理。每月随机抽取各成员单位 5% 的门急诊处方进行逐一点评，共点评处方 85 475 张。处方合格率由 62.4% 提升至 82.7%。2024 年度药事管理与药物治疗学委员会累计组织召开委员会议 16 次、开展处方点评 33 次、药学培训 58 次。全年累计开展 5 次大型药事管理工作专项检查，配合市场监管等部门多次飞行检查，督导检查结果及问题清单及时通报，限期完成整改。

（四）密切联系服务群众

费县县域医共体内，由县卫生健康局主导建立卫健微信公众号、网络等新媒体，发布用药知识，提高群众安全用药意识。费县人民医院牵头组织开展“五为”志愿服务下基层活动 7 次，为 1 200 余人次提供健康义诊。组织 25 个团队 125 人分批次开展“万名医师下基层”活动。组织“医疗专家赶大集”活动 12 次，惠及群众 640 余人次，群众满意度逐步提升。

落实以人员为核心的“四个下沉”推动紧密型县域医共体建设高质量发展

广东省清远市英德市卫生健康局

近年来，英德市坚持以习近平新时代中国特色社会主义思想为指导，全面深入贯彻党的二十届三中全会精神，落实新时代党的卫生与健康工作方针，聚焦紧密型县域医共体建设“人员、技术、服务、管理”四个下沉，逐步提高医疗卫生资源配置和服务均衡性。

一、实行“编制池”管理制度，多形式开展县域内医务人员招聘

（一）盘活编制资源

英德市实行“编制池”管理制度，即市委编办核定人员编制总量，市卫生健康局根据实际情况每年进行动态调整，医共体总医院全面统筹使用。2024 年医共体人员编制使用率为 91.9%，编制存量进一步得到盘活利用。近三年来，市卫生健康局累计从市人民医院调整 67 名事业编制到镇街卫生院，进一步优化配置医疗卫生系统编制资源，盘活县级公立医院空置的事业编制，提高编制使用率。

（二）多形式开展招聘

英德市采取“县招县管镇用”和机构自主招聘、简化程序引进紧缺人才等相结合的方式招聘医务人员。在一类医疗单位招聘方面，采用

参照公务员招聘的方式，让考生依分数高低选择医院。招聘办法增加了招聘的公平性和透明度，以成绩作为选择的主要依据，减少了人为因素和不确定性，使优秀的考生能够凭借自身实力获得更好的岗位选择机会，提升招聘岗位的招聘率、吸引力和影响力，使一些招人难的乡镇卫生院能够招聘到合适的医务人员，合理优化人员配置，吸引更多优秀人才。2024年，英德市共发布招聘事业编制公告9场（采取机构自主招聘、简化程序引进紧缺人才8场，卫生健康局统一招聘1场），共招聘133人。

二、做好医共体内部人员流动和管理，深入实施人才双向交流机制

（一）完善县域医共体内部人员流动和管理制度

印发《英德市医疗卫生共同体医疗技术骨干挂职服务管理办法（试行）的通知》（英医总〔2023〕26号）等相关文件，明确挂职人员挂职期间待遇和管理。充分发挥绩效考核评价作用，挂职人员的考核评价结果纳入派出单位和挂职单位的年终考核内容；考核结果优秀的，纳入医共体后备人才库管理，作为评先评优或选拔任用的重要依据之一。共有3名优秀挂职人员被提拔为基层分院的正副职领导。

（二）深入实施医共体人才双向交流机制

近年来，市直四家医院（市人民医院、市中医院、市妇幼保健院、市慢性病医院）累计派出14名主治以上职称医师帮扶服务14家基层分院，其中5名主治以上职称医师挂任重点中心乡镇卫生院（东华镇中心卫生院、浛洸镇中心卫生院）副院长、院长助理；重点中心乡镇卫生院（东华镇中心卫生院、浛洸镇中心卫生院）累计派出5名主治以上职称医师帮扶5家基层分院，帮扶人员专业涵盖内科、外科、中医科、儿科等主要临床科室，通过带教、培训、坐诊、主持和参与手术、查房等方式，开展新技术新项目与适宜技术共21项，提升了基层分院的诊疗水平，

门诊量和住院量均有显著增加。2024 年，医共体总医院累计选派 28 名二级及以上医疗卫生机构中级及以上医师到基层医疗卫生机构“传、帮、带”，切实推动“人员、技术、服务、管理”下沉到基层。

（三）强化待遇保障

全面落实“公益一类财政保障、公益二类绩效管理”政策，财政足额补助在编人员基本工资和基础性绩效工资等，允许乡镇卫生院突破公益一类事业单位绩效总量，从业务收支结余中提取 60% 以上用于增发绩效工资，提高基层医务人员积极性。同时，根据服务能力高低、离市区远近、人员职称等因素将岗位津贴划分为 3 类 5 档，实现津贴向边远地区、弱小机构、高层次人才倾斜。其中一类卫生院每人每月补贴 600～1 500 元，二类卫生院每人每月补贴 700～2 000 元，三类卫生院每人每月补贴 950～3 000 元，发放标准高于广东省要求的人均每月 1 000 元，所需经费由省财政补助人均每月 500 元，其余由英德财政兜底解决，有效破解边远山区“引不进、留不住”的人才难题。

三、推动医共体优质医疗资源下沉，持续提升基层服务水平

（一）持续推进胸痛中心（救治单元）建设

近年来，英德市依托县域医共体牵头医院和次中心医院的辐射带动作用，以胸痛中心、卒中中心、创伤中心、危重孕产妇救治中心、危重儿童和新生儿救治中心这急诊急救“五大中心”为基底，不断完善院前急救和院内急救网络，着力构建快速、高效、全覆盖的急危重症医疗救治体系，切实提升辖区内医疗卫生机构急危重症医疗救治能力。通过以奖代补方式支持胸痛中心（救治单元）建设，结合实际适当补助各乡镇卫生院创建经费。截至 2024 年底，市人民医院成功创建国家标准版胸痛中心，市中医院和市第二人民医院成功创建广东省基层版胸痛中心，14 家乡镇卫生院已通过省级胸痛救治单元验收。

（二）推进资源共享中心建设

依托信息平台，在市人民医院建立影像诊断、医学检验、消毒供应、心电诊断、病理诊断等医共体资源共享中心，并在英中、英东、英西片区重点中心乡镇卫生院设立分中心，采取“基层开单、基层收费、基层检查、上级诊断”的模式，有效解决了基层卫生专业技术人员不足和医疗服务水平相对薄弱的问题，促进群众就医负担进一步减轻。2024 年，影像诊断中心累计阅片 49.37 万例次，其中为基层阅片 6.70 万例次；医学检验中心累计完成 544.7 万份标本检测，其中为基层完成 1.93 万份标本检测；消毒供应中心完成各类再生器械、物品消毒灭菌 69.4 万件，其中为基层消毒灭菌 3.11 万件；心电诊断中心通过信息系统为基层提供远程诊断报告 157 例（其余会诊通过胸痛中心工作群线上完成）；病理诊断中心累计完成 5 万例病理检测，其中为基层开展 142 例病理检测。

（三）建立健全双向转诊相关机制

2024 年，医共体总医院根据英德实际情况，更新出台《关于印发英德市医疗卫生共同体双向转诊管理中心实施方案的通知》，促进医共体牵头医院（市人民医院）、中心乡镇卫生院（市中医院、东华镇中心卫生院、浛洸镇中心卫生院）与其他基层分院紧密合作，推动形成基层首诊、分级诊疗、双向转诊、急慢分治、上下联动的医疗卫生服务模式，切实解决了群众看病难、看病贵的问题。

抓好医共体“四下沉”助力基层能力提升

四川省宜宾市江安县卫生健康局

为持续深化紧密型县域医共体建设，切实提升基层医疗卫生服务能力，促进优质医疗资源均衡布局，江安县探索推进人员、技术、服务、管理“四下沉”，取得了明显成效。

一、主要做法

（一）精锐派驻，人员下沉强根基

1. 上接天线，提升县级实力　精准对接省市三甲医院优质医疗资源，县级医院与 8 家三甲医院建立 27 个专科联盟和医联体，聘请 16 名省市三甲医院业务骨干担任学科主任和特聘专家，从医院管理、学科建设、科研能力等方面进行在线、在位帮扶指导。选送 103 名业务骨干到三甲医院进修学习，带动学科发展和技术进步，促进县级医院高质量发展。

2. 精准选派，增强镇级能力　根据人员下沉相关政策要求和乡镇卫生院实际需求，精准选派符合条件的人员到基层服务，明确下沉人员的目标任务、服务时限、薪酬待遇和绩效考核，通过对口支援、驻点帮扶、组团帮扶等形式，提升基层综合服务能力。2024 年，共派驻 41 名专业技术人员下沉，18 名业务骨干长期驻点帮扶，23 名医疗专家定时坐诊，共诊治患者 49 944 人次，手术示范 376 台，会诊 123 例，教学查房 290 次，指导开展新技术13项，组织各类培训讲座131次，培训989人次。

3. 育才强基，夯实村级网底 已经规范建设50个村卫生室公有阵地，打造47个村中医阁。乡镇卫生院派驻36名执业（助理）医师到村卫生室定期开展诊疗服务，指导乡村医生规范诊疗，并对在岗乡村医生开展基本医疗、中医药适宜技术、基本药物规范使用以及基本公共卫生服务等集中培训并严格考核，同时每年遴选乡村医生到县级医院开展临床实践，提升疾病诊疗水平。通过大学生村医招募、镇聘村用等方式充实乡村医生队伍，推动乡村医生向执业（助理）医师转化，不断夯实基层医疗卫生服务网底。

（二）精准赋能，技术下沉促提升

1. 专家指导，解决就医难题 县级医院专家充分发挥自身技术优势，深入基层开展诊疗规范普及、中医药适宜技术推广、手术示范等现场教学，提升基层医疗卫生服务能力。夕佳山镇重点中心乡镇卫生院新增康复医学、外科等5个学科，新开展手术75台次；红桥镇重点中心乡镇卫生院新增肾病内科、外科等6个学科，新开展手术45台次。

2. 技术培训，提升业务能力 县级医院定期举办培训班，开展中医药适宜技术推广培训9场次、精品培训班3场次，共计培训600余人次；开展“西学中”培训104人；开展护理业务培训12次、病案相关培训2次；开展药事管理培训4次，累计培训557人次；共举办省级中医药继续教育项目4项，市级继续教育项目21项，切实提升基层医务人员业务能力。

3. 搭建平台，促进共同进步 为促进县级医院与乡镇卫生院之间的技术交流与合作，县总医院定期组织双方医务人员开展技术交流活动，通过搭建病例讨论会、学术讲座、技能竞赛等多元沟通协作平台，实现县级医院与乡镇卫生院之间的优势互补，共同进步，推动基层医疗技术整体提升。

（三）防治结合，服务下沉暖民心

1. 签约服务，提供健康呵护 县级专科医师与乡镇卫生院共同建立全专结合家庭医生团队 112 个，开展分片包干网格化家庭医生签约服务，为居民提供“一站式”健康管理服务。扎实开展健康敲门行动，为失能、半失能老年人和残疾人提供上门治疗、康复护理等健康服务。

2. 延伸服务，提升健康素养　县级医院组织 228 人次专业技术人员参与“万名医护走基层”活动，到村卫生室开展巡回医疗服务，为村民提供常见病、多发病的诊疗服务和健康体检。积极开展健康宣教活动，开展各类健康讲座 124 次，通过举办健康讲座、发放宣传资料、播放科普视频等多种形式，向居民普及健康知识，提高居民的健康意识和自我保健能力。

3. 共享服务，提供健康保障　县总医院集约优化资源配置，统筹大型设备的布局和购置，完成医学影像、医学检验、病理检验、心电诊断、消毒供应、远程诊疗 6 大资源共享中心建设，其中医学影像中心阅片 1.9 万张，医学检验中心完成跨院区检验 383 人次，病理检验中心完成跨院区检测 9 620 例，心电诊断中心接收医疗机构上传心电图 3.7 万份，消毒供应中心提供无菌包 31.6 万个，远程诊疗中心远程会诊 77 例次、远程查房 50 余次，节约医保资金 80 余万元；完成“心电一张网”“肿瘤防治一张网”和基层胸痛单元建设，实现基层检查、上级诊断和检查检验结果互认，为群众减轻就医负担。

（四）破立并举，管理下沉优效能

1. 重构体系，提升管理能力　重构县域公立医院管理体系，统一公立医院法人（所有县级医院和基层医疗卫生机构法人由总医院法人兼任），实施一体化运行管理模式，落实医共体“八统一”管理；强化对基层医疗卫生机构的日常管理和业务指导，选派 4 名业务骨干担任乡镇卫生院（社区卫生服务中心）副院长，进一步提升基层管理能力和技术水平。

2. 管理同质，保障医疗质量　县总医院统一制定医共体内管理制度，印发了《双向转诊工作制度》《上下级医疗机构临床用药协同联动工作实施方案》《联合查房、会诊实施方案》《处方点评制度》等 40 多个规章制度和技术规范，成立 31 个质控小组，定期对基层医疗卫生机构进行医疗质量检查和考核，及时发现问题并督促整改，确保基层医疗服务质量与县级医院接轨。

3. 信息跑路，增强服务效能 完成县域医共体信息管理平台建设，确保成员单位之间信息互联互通、业务协同，通过信息化平台对医共体成员单位人、财、物进行集中统一管理，降低人力资源成本，提升数据的准确率、及时率和可靠性，增强服务效能。搭建双向转诊、处方流转、医防协同等平台，构建基层首诊、双向转诊的分级诊疗模式，共计转诊 2 万余人次、处方流转 1 000 余张；同时，利用信息化手段开展挂号缴费、结果查询、随访管理、健康服务等工作，提升医疗服务的便捷性和连续性。

二、取得成效

1. 县域综合能力提升 医疗科研项目立项 11 个，4 个课题通过验收，发表 SCI 论文 5 篇，通过实用新型专利授权 14 项。4 个乡镇卫生院（社区卫生服务中心）达到“优质服务基层行”服务能力推荐标准。对比改革前，乡镇卫生院门诊人次增长 31.9%，出院患者数增长 68.8%，床位使用率增长 30%，县域内就诊率达 85.36%。

2. 患者满意度不断提升 县域内就医环境改善，医疗技术提升，服务能力增强，县级医院专家下沉基层，群众在家门口就能享受优质医疗资源，患者满意率达 93.6%。

3. 医务人员满意度提升 医务人员工作环境改善，进修培训渠道更加便捷和多元化，职业获得感增强，县、镇两级医务人员人均收入明显增长，医务人员满意率达 94.1%。

第三部分

综合施策，完善县域医共体管理体制和运行机制

坚持四强化　聚焦三提升
打造医共体襄城样板

河南省许昌市襄城县卫生健康委

近年来，襄城县深入贯彻落实新时期卫生与健康工作方针，按照“县强、乡活、村稳、上下联、信息通”的工作思路，着力提升县域医疗服务能力，推进分级诊疗制度，构建合理有序的就医格局。

一、主要做法

（一）强化主体责任，保障医共体建设顺利实施

一是加强组织领导。襄城县成立书记、县长领衔，组织、财政、人社、编办、医保、卫健等部门参与的紧密型县域医共体建设管理委员会，全面加强对深化医改和紧密型县域医共体建设工作的领导。印发《襄城县人民政府关于印发襄城县医疗健康共同体建设实施方案的通知》（襄政〔2019〕6 号）文件，全县组建由人民医院牵头的紧密型县域医共体（襄城县医疗健康集团），将全县医疗机构纳入管理。成立医共体党委，实行党委领导下的院长负责制，集团设立“一办六部”，按照分工负责的原则，落实“七统一”管理。**二是加大财政投入。**投入资金 13.5 亿元，用于县域医疗服务体系建设。投资 7.5 亿元、总建筑面积 14 万平方米的县中医院新院区已实现部分搬迁；投资 6 000 万元的县人民医院精神病区和急诊急救中心已投用；投资 400 万元为每家乡镇卫生院配备一辆救护车，投资 3 321 万元为乡镇卫生院添置 CT、DR、全自动生化分

析仪、彩超等医疗设备；财政安排专项资金连续三年将“两病”（高血压、糖尿病）健康干预纳入县级民生实事。

（二）强化数智结合，搭建全民健康信息平台

一是投资 8 000 余万元，建成县人民医院信息平台、区域全民健康信息平台和互联网医院，实现诊疗信息和公共卫生信息互通共享。设立“健康大襄城”微信公众号，通过一张信息专网、一部智能手机，全面实现家庭医生签约、慢性病管理、疾病筛查、就医预约、诊疗交费、诊疗信息查询、健康知识咨询等全周期、全流程医疗健康服务，打通了区域的限制，节省了群众就医的时间成本。**二是**建成“六大共享中心”，实现基层检查、上级诊断、区域互认、服务贯通，提供同质化服务。2024 年累计完成区域影像 122 184 例、远程心电 42 947 例、区域检验 2 512 例、远程会诊 1 593 例、双向转诊 4 411 例。通过“互联网 + 医疗服务”，让患者不出乡村就可享受到上级医院专家提供的诊疗服务，打通了医疗卫生服务“最后一公里”。县人民医院信息化建设已获得国家五级电子病历评价和数字化医院 A 级，区域信息化建设获评全省数字化医共体建设标兵单位。

（三）强化改革增效，激发医保基金杠杆调节作用

一是推进医保支付方式改革，实施 DIP 支付方式改革，落实按病种分值付费模式，实施医保资金打包支付改革，持续完善“结余留用、合理超支分担”机制，制定医保资金结余考核留用分配办法，组建专家团队，加大医保审核频次和监管力度，督导各医疗机构严格按照规范开展诊疗服务。**二是**形成医保、医疗健康集团共同发力管理医保资金的模式，将对单一医疗机构的监管转变为对医疗健康集团的整体监管。

（四）强化医防融合，创新主动服务模式

一是县级医院成立家庭医生服务专家指导团队 16 支，组建家庭医生签约团队 471 个、签约医生 1 845 人、签约居民 37.37 万人，签约率达到 55.38%。利用“互联网 + 健康襄城”服务信息化平台实现了以居民

健康管理为核心、以家庭医生团队为载体、以慢性病人群为重点的电子签约和履约模式。**二是**成立“县域慢性病管理中心”，与 16 家乡镇分院签署“慢性病协同管理合作协议”，制定标准化的慢性病管理路径，促进县、乡、村慢性病标准化协同管理。**三是**搭建慢性病信息化系统，形成“院内院外一体化”“线上线下一体化”“县乡村一体化”的慢性病规范管理体系，对慢性病人员实施分色分层分类管理。

二、取得成效

（一）聚焦医疗服务，提升县域服务能力

围绕“县级医院看大病、乡镇卫生院管慢性病、村卫生室防未病”的思路和功能定位，分级施策，努力实现“县强、乡活、村稳”工作目标。**一是做强县级医疗服务龙头。**上联国家级、省级、市级医院，开展对口支援、专科联盟，组建医共体，快速提升县级医疗机构的诊疗能力。深入推进公立医院改革，按照现代公立医院管理制度加强内涵建设，以县域医疗中心建设为总揽，不断提升县级医疗机构服务能力。目前，全县拥有省级临床重点专科 5 个、省级中医特色专科 1 个、河南省县级特色专科 2 个、市级重点专科 6 个。县人民医院晋升河南省首批县级三级综合医院，2024 年 12 月完成三级医院现场评审工作。2024 年 11 月县中医院二级甲等中医院顺利通过复审，龙耀医院通过二级甲等评审，妇幼保健院、襄城医院、襄城首山骨科医院通过二级评审，逐步实现了“县强”目标。**二是做活乡镇卫生院服务枢纽。**集团以提升基层服务能力为抓手，根据不同乡镇卫生院需求及运行情况，制定计划和帮扶措施，出台院科帮扶方案，每个乡镇分院明确一个帮扶科室，聘任科室主任为名誉院长，同时下派技术骨干到乡镇分院驻点、巡诊帮扶，开展学术讲座、坐诊查房、处方点评、病历质控、院感管理等业务指导，组织专业技能大比武，提升乡镇卫生院医护质量。协助乡镇分院推广新技术、新项目，建立特色科室，推进基层三大救治中心建设，提升乡镇分院综合服务能力。16 家乡镇卫生院实现“优质服务基层行”基本标准全覆

盖，均已建成“中医馆”。8 家卫生院达到“优质服务基层行”推荐标准，8 家乡镇中医馆通过河南省基层示范中医馆命名。13 家乡镇卫生院成功创建胸痛救治单元，6 家乡镇卫生院通过卒中救治单元验收，范湖乡卫生院经评审达到二级医院服务能力，顺利通过河南省重点中心乡镇卫生院建设项目省级验收。**三是筑牢村卫生室服务网底。**为村卫生室配备巡诊包、全自动血压计、血糖仪、健康体检机、心电采集盒、计算机等设备，免费开展远程会诊。扎实开展“一村一医”医师包村活动，包村医师通过下乡义诊、慢性病用药指导、健康知识宣教，提高村卫生室对多发病、常见病的防治及对慢性病的管理水平。培养村级胸痛卒中“吹哨人”300 人，筑牢卫生健康村级网底，逐步实现“村稳”的目标。

（二）聚焦薪酬改革，激发医务人员活力

一是改变乡镇卫生院薪酬绩效以经济收入为导向，职工工资发放标准没有兼顾成本核算，医院没有收入结余，负债经营的薪酬模式，体现多劳多得，优绩优酬，2023 年聘请第三方公司在充分调研的基础上，制作绩效工资改革方案，实施乡镇卫生院绩效改革。**二是**采用资源相对价值量表（RBRVS）工作量法核算模式，结合成本控制计算医护人员奖励性绩效，持续完善向“技术含量高、风险程度大、工作负荷强、管理责任重”的一线岗位倾斜的绩效方案，对以往人力成本发放标准高于 60% 的乡镇卫生院，给予预算扶植系数，按照逐步递减、循序渐进的原则，每年缩减 20%，用五年时间逐步达到收支平衡、稳健运营、可持续发展的目标。目前，16 家卫生院均运用新的绩效模式发放工资。

（三）聚焦慢性病管理，实施“两病”健康干预

一是 2022 年以来，襄城县连续三年将“两病”（高血压、糖尿病）健康干预纳入县级民生实事，通过为县域内的“两病”患者采购免费药品，开展健康干预行动，提高群众健康素养。**二是**进一步加强医疗和预防整合，全面提高公共卫生和预防保健水平，降低区域内居民慢性病的总发病率和就医成本。2024 年以来，采购“两病”免费药品 6 批次共计 680.65 万元。截至 2024 年底已为 5.74 万名“两病”群众发放药品

184.81 万盒，累计发放 59.57 万人次，群众服药依从性大幅提升，血压、血糖的控制率较发药前分别提升 15.37%、11.42%，慢性病患者住院人次较发药前下降了 4.01%，有效降低了并发症发病率，提升居民健康获得感和满意度。

重构组织、功能、管理和人事体系 打造紧密型县域医共体

湖北省黄冈市罗田县卫生健康局

2023年以来，罗田县认真贯彻落实党中央、国务院决策部署和省、市有关工作要求，进一步深化医药卫生体制改革，深入推进紧密型县域医共体建设，整合了县、乡、村三级医疗卫生服务资源，坚持宜立则立、宜破则破、破立并举，建成由1家总医院（4家县级医院组建）、4家中心乡镇卫生院、13家一般乡镇卫生院、353家村卫生室、20家社区卫生服务站、1个急救中心等393家成员单位组成的紧密型县域医共体，县域就诊率得到提升。

一、重构组织体系，明确整体架构

（一）实行机构融合

成立以县委书记、县长为双主任，相关县直单位主要负责人为成员的县域医共体管理委员会，组建医共体总医院，明确“三定”方案，与县人民医院“一个机构、两块牌子”，实行“一院五区”，设妇幼保健院院区、精神病医院院区、万密斋医院拨云尖院区、党家山院区、九资河院区5个院区。通过将成员单位医院变为院区、深度融合，打造“责任、管理、服务、利益”四个共同体，避免无序竞争。

（二）实行学科整合

县总医院成立 37 个学科专业委员会，其中县人民医院主院区牵头危急重症为主的 24 个学科，万密斋医院拨云尖院区牵头中医为主的 7 个学科，妇幼保健院院区牵头妇产、儿童、儿童康复、新生儿为主的 5 个学科，精神病医院院区牵头精神卫生学科。学科委员会实行主任委员负责制，配套建立“工分制”绩效考核制度。每个学科设主任委员 1 名，副主任委员 1～3 名，各学科委员会实行统一排班，统一开展查房、转诊、手术、培训等业务工作，统一调配设备设施，实现一体管理、一体考核、一体核算、一体发展。

（三）强化支持保障

县级财政统筹整合妇幼保健和公共卫生服务项目资金 1 546 万元，支持妇幼保健院院区 5 个学科建设。加大总医院基础设施和设备购置等重大项目建设资金投入力度，拨付 500 万元建设数智化病理中心。县医保局打通使用职工医保结余与城乡居民医保结余，弥补城乡居民医保缺口，每年可补缺 4 000 余万。

二、重构功能体系，明确差异化定位

（一）赋权总院，发挥牵头作用

总医院发挥医共体牵头作用，负责整合和配置全县优质医疗卫生资源，承担县域医共体一体化管理职能，统筹全县医疗业务指导帮扶任务，满足群众重大疾病临床需求。赋予总医院干部任免、人事安排、岗位聘用、职称评聘推荐权、建议权，以充分赋权保障充分带动。

（二）做强枢纽，发挥辐射带动作用

根据地理位置、服务人口等情况，将胜利镇、匡河、九资河、三里畈 4 家中心乡镇卫生院确定为重点中心乡镇卫生院，按二级综合医院标准

建设。对一般乡镇卫生院，发挥指导帮扶和辐射带动作用，满足片区群众常见病、多发病诊疗需求。

（三）做实基座，发挥兜底保障作用

发挥村卫生室兜底保障、全面覆盖作用，做实老年人、儿童等重点人群的慢性病随访、健康管理和家庭医生签约服务，让群众就近享有公平可及、系统连续的医疗卫生服务，满足群众最基本的公共卫生服务需求。

三、重构管理体系，实现一体化管理

（一）一体化管理机制

建立、完善、出台人事、绩效、业务、财务、保障、药械、资产 7 个方面的 19 项管理制度，医共体内实现一把尺子管人、管事。设立财务统一账户，对医共体成员单位实行报账制，“统一核算、分账运行”。实施医保 DIP 付费和远程审方等精细化管理，县总医院门诊次均费用同比下降 10%；乡镇卫生院门诊次均费用同比下降 6%；县总医院住院例均费用同比下降 5.4%；乡镇卫生院住院例均费用同比下降 3.2%。

（二）一体化信息赋能

成立总医院信息中心，建设覆盖所有成员单位的信息化系统，涵盖“医疗服务、智慧公卫、运营管理、互联网 +”四大核心模块，实现各医疗机构之间信息互联互通。支撑医共体影像、检验、心电、病理、超声五大资源共享中心，实现基层采样检查、县级诊断，促进医共体内检查检验结果互认。成立县急救指挥调度中心，配套建设统一智慧急救平台，打造县域 30 分钟、城区 15 分钟急救圈。

（三）一体化资源下沉

实施人员双派送，选派总医院 8 名业务骨干到分院担任院长或副院长，选派 45 名学科带头人到乡镇卫生院开展学科共建，乡镇卫生院

选派 27 名医务人员到总医院跟班学习。成立总医院医疗质量控制中心，定期督导检查各成员单位医疗质量；成立总医院远程会诊中心，组建 108 人的会诊专家库，实时远程会诊乡镇全覆盖；总医院向乡镇派出特色科室孵化团队 11 个，建立名中医工作室 8 个，全县 17 家乡镇卫生院全部建成心脑血管疾病一体化防治站，累计溶栓 57 例急性心肌梗死、脑卒中患者。132 家村卫生室实现远程心电诊断实时传输。

四、重构人事体系，激发队伍活力

（一）推进人员精减

按照“优化结构、强化监督、中西并重、县乡一体”的人员配备模型，打破院际壁垒，统一遴选调配管理人员，在全县卫健系统公开竞聘 11 名院区管理人员和 65 名中层负责人，树立了能者上、庸者下的用人导向。各分院区只设执行院长 1 名、副院长 2 名，只保留办公室和医疗部两个行政科室，实现管理人员精简、强干。明确行政管理专业技术岗位的从业资格条件，对每名人员的专业技术职称严格资格准入审核，对不符合上岗资格条件的 27 人进行分流，实现人岗匹配。

（二）推进分类管理

按岗位性质将总医院在岗人员分为行政管理人员、专业技术人员和后勤服务员工，按院区管理层、学科专业委员会等不同模块设置 51 个管理单元，将 1 702 名在岗人员明确到不同管理单元，实现精细化管理。

（三）推进目标考核

配套建立“工分制”绩效考核制度，以规范管理激发队伍效能。建立以落实基本医疗卫生制度、落实健康管理为重要内容的目标管理和绩效考核制度，以考核的指挥棒引导医生回归看病角色。

构建四个“一”促进县域医共体成熟定型

重庆市忠县卫生健康委

忠县深入学习贯彻党的二十届三中全会精神，通过落实构建“一张网”、健全“一本账”、完善“一条链”、整合“一盘棋”等改革举措，促进紧密型县域医共体成熟定型，成效明显。

一、主要做法

（一）构建“一张网”建立发展共同体

一是整合医疗机构实现“联体”。创新打造“纵联横合”医共体，以县人民医院、县中医院为龙头，联合 29 家基层医疗卫生机构，推进医疗技术“纵联”；横向整合基层医疗卫生机构人、财、物，实行集团化管理；同时，发挥县妇幼保健院、县疾控中心、县精神卫生中心协同作用，构建“三线一网”医共体格局。**二是整合信息平台实现“联通”。**推进数字医共体，打通医疗、公共卫生、医保等业务壁垒，形成贯穿县、乡、村的三级医疗健康服务高效协同网络。依托一体化医共体业务协同平台，建成覆盖全县的心电、影像、检验、病理、会诊、消毒供应“六大资源共享中心”，实现“乡镇检查、县级诊断、结果互认”，让百姓在家门口即可享受到县级医院优质的诊疗服务。**三是整合服务资源实现“联网”。**设立医共体“总药房”，落实药品目录、采购、配送、价格、支付、服务“六统一”管理，上下级医疗机构用药衔接全覆盖。创新“县级医生指路子、乡镇医生开方子、村级医生结对子”的家庭医生签约服务，居民足不出户就能享受到包括门诊免挂号费、常见病多发病诊治、基本药物零差率销售和门诊预约服务等在内的基本医疗和基本公共卫生服务。

（二）健全“一本账”建立利益共同体

一是建立资金利益共享机制。每年按基层医疗收入的5%、县级医院盈余的2%提取资金，设立专项互助“资金池”，统筹财政资金8 650万元，重点解决基层基础设施差、医疗器械缺等难题。建立增效收益分配机制，实行远程医疗、专科联建、专家坐诊、家庭医生服务等利益共享，累计分配增效收益资金574万元。**二是建立职称编制共用机制。**定期梳理可使用总编制数量，设立“编制池”，将空编名额由原各医疗单位须空编3%，调整为在全县编制总额内空编10名应急使用，调剂用编128个，有效缓解基层人员不足问题。统筹全县医疗卫生高级职称岗位差额，构建“职称库”，解决基层职称评聘有人无岗、有岗无人的现象，完善评聘管理制度，实现岗位聘用能上能下。**三是建立医保医药共治机制。**实施DRG付费改革，实行医共体内医保基金“总额预算，结余留用，合理超支分担”，累计调剂医保资金3 657万元。取消药械加成，实施药品、器械、医疗耗材等集中带量采购制度，药品耗材价格平均降价52%，节约采购资金9 432万元，公立医院集采结余留用2 156万元。建立县域全覆盖的处方前置审核平台，实时智能审方，基层处方不合格率从10%下降到1%以下。

（三）完善“一条链”建立服务共同体

一是上联三甲，将患者留在县内。县级医院分别与8家市三甲医院建立多学科专科联盟和医联体14个，聘请16名专家担任学科主任和特聘专家，带动学科发展和技术进步，建设一批重点专科，既把患者留在县内，减轻患者负担，又提高本地医院接诊能力，做到患者不动专家动。**二是下联乡村，将小病转向基层。**用活“县聘乡用”“乡聘村医”制度，县级医院下派挂职副院长12名、专家2 594人次，培训基层医务人员2.1万人次，指导推广新业务新技术59项。基层医院派461名医务人员到上级医院进修学习、集中轮训。村医每半年轮流到乡镇卫生院跟班学习1个月，累计培训村医325人次，乡村医生能力得到提升，推动患者下沉基层。**三是互助互通，实现合作共赢。**按照“党建互学、业务互帮、人才互培、资源互补”的原则，建立“强院带弱院”帮扶机制，优化医疗资源配置，实现医共体“大手拉小手”协同发展。打通“乡镇收费、县级诊疗、上下转诊”绿色通道，明确100种下转病种，66种常见病实现基层诊疗。

（四）整合“一盘棋”打造监管共同体

一是健全管理体制。组建医院管理中心，配备40名工作人员，分设人事、业务、财务、药事、信息、绩效六个工作组，专司医共体运营日常工作，实现从“多头管理”到“一管到底”。**二是优化内部管理。**对医共体的门诊量、在院人数、各分院的收入情况、医保报销、出院人数、耗材占比、药物占比等进行实时监测分析和预警，做到医共体内部标准统一、互联互通，实现对医共体内人、财、物的统一管理、调配和考核，有力促进了县域内医疗机构一体化管理机制的落实。**三是规范绩效考核。**建立“赛马比拼”机制，实行“党建、改革、发展、创新、稳定”五板块赋色管理，提升医院整体运行效率。建立医共体龙头单位权力、责任、负面“三清单”，明确成员单位功能、发展、职责“三要求”，实行联动捆绑考核，考核结果与财政投入、医保支付以及领导干部薪酬、任免和奖惩等挂钩。

二、取得成效

（一）服务和能力实现“双下沉”

创建三级医院2家，二甲医院3家，甲级卫生院8家，等级医疗机构实现全覆盖。建成重点中心乡镇卫生院2个，星级村卫生室占比达99%，“农村30分钟、城市15分钟”医疗服务圈巩固拓展，“县级强、乡镇活、村级稳”医疗服务体系基本形成。县域内就诊率由改革前的88%提升至92%，基层诊疗占比由改革前的58%提升至68%。

（二）质量和效益实现“双提升”

成功创建国家特色专科 1 个，市县重点、特色专科 52 个。获国家实用新型专利 3 项，获批市、县级科研项目 85 项。培养基层全科医生 402 人，实现每万名常住人口拥有 5.69 名全科医生，高于全市平均水平。县人民医院绩效考核排名全国百强，县妇幼保健院连续 2 年绩效考核排名全市第五。公立医院门诊次均费用增幅由改革前的 8% 下降至 1.33%；住院次均费用增幅由 5% 下降至 −4.46%；平均住院天数由 9.5 天下降到 8 天；医疗服务收入由 30% 提升至 37.69%。中医馆覆盖所有乡镇卫生院，基层门诊中医服务量占比达 38.2%。

（三）群众和医生实现“双满意”

“两病卡”办理直达基层，患者在村卫生室即可就医报账，“两病”基层就诊比例达 81%，为患者节约费用 1 500 余万元。近三年，县级医院人均工资年均增长 9.2%，基层医疗卫生机构人均工资年均增幅 14.98%；群众满意率达 96.54%，较改革前增长 5.4 个百分点；职工满意率达 97.32%，增长 7.2 个百分点。

忠县在全国地市级行政区医改评价结果排名中位列川渝地区第 1 名，入选全国医共体建设典型案例，“县聘乡用”改革经验被中央改革办《改革情况交流》采用；全国深化实化基层卫生健康便民惠民服务举措新闻发布会在忠县召开，“医共体保障农村群众就医”被央视新闻联播专题报道，获评全市卫生健康事业高质量发展区县，被市政府办公厅表彰为医共体建设真抓实干区县。

以“医共体”改革之举　解群众看病之忧

四川省乐山市沐川县卫生健康局

沐川县自2019年8月被确定为国家紧密型县域医共体建设试点县以来，通过部门协同、县乡一体、群众参与，由县人民医院牵头整合全县14个乡镇级、180个村级医疗资源，有效激活1 000余名医务人员动力，不断推动紧密型县域医共体建设工作走深走实、见行见效。

一、战略定位谋发展，全县一心破难题

县委、县政府按照国家、省、市统一部署，将推动医共体建设作为助力乡村振兴医疗板块的重要内容，紧紧围绕“县级强、乡级活、村级稳、上下联、信息通”的目标，以“大干”中冲刺、“快干”中决战、“实干”中决胜的精神全力保障人民群众健康需求。

（一）高位谋篇布局，夯实四梁八柱

县委、县政府高位推动紧密型县域医共体建设，成立县委、县政府主要领导任主任，县委、县政府分管领导任副主任，卫健、财政、人社、医保等职能部门为成员的医共体管理委员会。先后印发《沐川县紧密型县域医疗卫生共同体建设实施方案》《沐川县医共体引进医疗卫生人才激励办法（试行）》等政策文件。医共体党委实体化运行，设立医共体“十大”管理中心，在医共体党委的领导下有序开展党务行政管理、人力资源管理、监督管理、信息化建设和管理、财务运营管理、医保管理、药械采购管理、医疗管理等工作。

（二）确定改革思路，擘画改革蓝图

沐川县医共体建设综合考虑县情实际，构建以县人民医院为龙头，4 个医疗卫生次中心为枢纽，10 个乡镇卫生院为支撑，180 个村卫生室为网底的“1+4+10+N”的县域医疗卫生服务体系，在保持各级公立医院公益性、基本功能、人员身份、单位性质、法人资格不变的前提下，进行实质性的改造、重构，初步实现“百姓得实惠、医院得发展、医生添动力”的总体目标。

（三）多部门协同发力，强化要素保障

构建多部门协同发力机制，县医管委每季度召开 1 次会议研究和审议相关工作，着力解决医共体建设过程中的难点堵点问题。制定《沐川县医共体政府投入和债务化解方案》，提高财政补助标准，除县人民医院以外的在编人员，乡镇卫生院、县妇幼保健计划生育服务中心在编人员按实有人员人事档案工资的 70% 以及对应的三险两金的标准予以财政资金保障，较改革前提高 54.2%。县医保局实行城乡居民医保基金“按人头总额预算包干支付方式，超支原则不补、结余全部留用”的使用原则，目前结余资金 3 699 万元。争取东西部协作项目资金 825 万元，建制乡镇卫生院 DR 配备率达 90% 以上，舟坝卫生院配置 CT 机 1 台，夯实了“硬件”基础。

二、夯基补短提实力，因地制宜找创新

（一）基础设施强筋骨，智慧医疗优服务

沐川县投入资金 2.2 亿元建成投用县人民医院北院区综合大楼、县妇幼保健和计划生育服务中心综合楼，医共体沐溪副中心、舟坝副中心及疾病预防控制中心检查检验项目即将投用。利用医共体债券资金 1 350 万元开展乐山市全民健康信息管理应用平台建设，搭建“检查检验共享互认暨影像平台”“云平台”和“区域互联网诊疗服务平台”。医

共体医学检验、医学影像、心电诊断、病理诊断、消毒供应“五大资源共享中心”相继建成并投入使用。建成“市 - 县 - 乡”三级远程影像会诊平台，上连乐山市人民医院、乐山市中医医院，下接沐溪、大楠、舟坝等 10 个乡镇卫生院，实现基层拍片，市县专家远程诊断，打通了医院与医院之间、医生与患者之间的信息壁垒，拉近了群众就医距离，“信息互通、资源共建”减少了医院运行成本，节约了群众就医支出。2019—2024 年累计远程乡镇 DR 诊断 19 715 人次，远程 CT 诊断 5 201 人次，远程心电诊断 2 579 人次，为患者节约医疗费用约 82.3 万元。

（二）人才队伍强根基，注重内涵深挖掘

沐川因地制宜、因需施策，建立医共体“编制池”，核定医共体编制总量 406 个、管理编外人员 533 人，充分赋予医共体在人员招聘、调配、任免、岗位设置等方面的自主权限。医共体内人员调配、人员任免、岗位设置由医共体党委议定后提交县医管委审批，医共体成员单位招聘编外人员由医共体党委统一面向社会公开招聘后调配到各成员单位，实现人员招聘、调配、管理“三统一”。制定《沐川县医共体引进医疗卫生人才激励办法（试行）》，落实县级专项人才编制 10 个。2019 年以来，医共体共招引卫生人才 139 名，引进专业技术人才 4 人，县域千人口卫生技术人员数由 2019 年的 4.4 提升到 2023 年的 5.8，千人口执业（助理）医师数由 1.5 提升至 2.2，千人口注册护士数由 1.8 提升至 2.2。建立乡村医生退出保障机制，退出的乡村医生每年可享受最高 4 800 元生活补助，在岗乡村医生最高可享受每年 2 500 元保险补助。

（三）专科建设强优势，等级创建夯基础

建成市级重点学科 1 个、县级重点学科 10 个。通过专业技术人员下沉，帮助基层开展新技术、新项目 17 个。舟坝、沐溪、利店卫生院建成中心乡镇卫生院，舟坝卫生院达到“优质服务基层行”推荐标准。牵头医院积极推进肿瘤防治、慢性病管理、微创介入、麻醉疼痛诊疗、重症监护“临床服务五大中心”，卒中、胸痛、创伤、危重孕产妇、危重儿童和新生儿“急诊急救五大中心”建设。

（四）筑牢网底，优化医防融合健康服务

建立新型家庭医生签约服务保障制度，综合医保门诊统筹、特殊疾病门诊、一般诊疗费、家庭病床以及高血压和糖尿病两病门诊等政策。明确设定签约服务费，由县医保基金、基本公共卫生服务项目基金和签约居民付费分担，实行“结余留用、超支不补”的激励约束机制。全面推行“全专结合、慢性病专治”的家庭医生签约服务模式，建立健全“全专结合”家庭医生签约服务“医保打包付费”绩效考核机制。牵头医院选派全科、内科医生加入乡村家庭医生服务团队，统一签约、统一考核、统一指导，通过坐诊、教学、巡回医疗等形式，深度融入家庭医生服务全过程，促进医共体由“治已病”向“治未病”转变。2024年，精细化管理慢性病患者2万余人，指导下级医生用药2.2万余次，糖尿病、高血压患者血糖和血压控制达标率显著提升。

三、框架搭建初见雏形，健康护航乡村振兴

（一）资源下沉常态化，赋能提质增效

医共体牵头医院和成员单位医疗技术人员实行下派上挂，加强医疗技术联动，2024年牵头医院派出医务人员21名到成员单位开展住院查房、坐诊和业务培训，协助成员单位创建基层特色科室，同时成员单位派出14名技术骨干到县人民医院跟班学习，成员单位组织管理、业务技术、护理质效、院感防控、工作热情明显提升。

（二）整体联动规范化，推进同质高效

制定《沐川县紧密型县域医共体分级诊疗双向转诊工作实施方案（修订）》，基本建成“大病不出省，一般病在市县解决，日常疾病在基层解决”的分级诊疗体系。

（三）医院管理智慧化，助力服务升级

制定实施《沭川县医共体信息化建设初设方案》，加强医共体信息系统的深度融合，充分利用大数据、智网技术赋能县域“智慧医疗”。实现医共体内互联互通、资源共享、业务协同和统一运营管理及监管，实现医共体与外部应用系统的标准化对接，整体提高县域医疗信息化建设及应用水平。推广“分布式检查、集中式诊断”的服务模式，完善远程医疗服务网络，实现患者信息共享、远程诊疗、电子病历管理等功能，向农村居民提供常见病、慢性病在线服务，进一步提升医疗服务的可及性和便捷性。为沭川百姓提供方便快捷、优质高效、安全省心的医疗服务。

坚持以人民健康为中心
筑牢健康中国基层基石

贵州省黔南布依族苗族自治州福泉市卫生健康局

近年来，福泉市紧紧围绕“县强、乡活、村稳”的总体要求，不断优化区域医疗资源布局，以“六统一”为抓手，深化县域医共体管理体制、运行机制和人事薪酬等改革，县域优质医疗资源不断下沉，基层首诊、双向转诊、急慢分治、上下联动的分级诊疗就医格局初步形成，县域医疗卫生综合能力实现整体大提升。2024 年，全市县级公立医院医务性收入占比 48.11%，同比增长 1.79%；三四级手术占比 62.50%，同比增长 2.38%。基层分院出院人次同比增长 16.41%；基层诊疗量占比达 60.59%，同比增长 3.79%；县域内就诊率达 91.13%。

一、强化党委领导，让医共体服务体系更有“型”

一是建立高效的管理体制。成立以市委、市政府主要负责同志任“双组长”，分管副市长任执行副组长，相关部门负责人为成员的医共体管理委员会，坚持党政“一把手”亲自抓，推进医共体建设发展规划、重大项目等事项与社会经济高质量发展统一研究、统一决策、统一考核、统一落实。**二是组建“1 + 2 + N”党建共同体**。成立由市政府分管领导任工委书记的中共福泉市卫生健康工作委员会，将两家总院党委书记纳入党工委成员；在总院成立党委，将医共体各分院党支部统一划归至总院，由总院党委统一领导、统一管理。建立工委带党委、党委带支部、支部带党员、党员带骨干、骨干带青年职工的“五带”工作机制，推动公立医院党的建设和医疗改革同质化管理。**三是健全运行管理“一盘棋”**。推行医共体内“六统一”管理新模式，在总院设立医共体一体化管理办公室，人力资源、运行服务、财务管理、药械管理、运营管理、信息系统管理、供采后勤服务管理“一办七中心”，对分院实行“一盘棋”管理，建立“日常指导、季度督查、年度考核”工作运行机制，推进分院业务和管理规范化水平。

二、优化资源布局，让医共体能力提升更有“质”

一是构建“一体化”办医新模式。整合医共体内医疗资源，由 2 个县级公立医院作为牵头总院建立 2 个医共体，构建由 2 个三级公立医院为龙头、2 个二级公立医院为支撑、10 个基层卫生院为基础、N 个卫生院诊疗服务延伸点和村卫生室为网底的“2 + 2 + 10 + N”四级医疗服务保障体系。**二是深化总院与分院融合发展**。创新推进市第一人民医院与市妇幼保健院深度融合发展，整合行政职能和业务内容，保持公共卫生职能不变，实现两院区人才同质化发展，市妇幼保健院院区服务能力得到有效提升。2024 年，市妇幼保健院门急诊 83 749 人次，同比增长 17.42%；出院 4 060 人次，同比增长 13.38%；住院分娩 941 人，同比增长 97.69%。**三是深化分院与分院资源整合**。结合人口和行政区域规划调整等因素，将兴隆、高石、高坪 3 个一般卫生院分别整合至本辖区中心卫生院，原卫生院参照卫生室管理调整为中心卫生院医疗延伸服务点，医疗服务能力实现“1 + 1 > 2”。自 2022 年 7 月实施整合发展以来，2 个中心卫生院重启住院服务；2024 年基层出院患者达 9 367 人次，同比上年增长 12.52%。

三、改革医保支付方式，让医保资金作用发挥更有“为”

一是强化医保协议管理。实行“医共体总院负责制”的医共体协议管理，实现医共体制度建设全覆盖、协议签订全覆盖。在制度统一的总指挥棒下，医共体医疗卫生资源纵向整合，医保基金统筹调配灵活度大，诊疗行为更加规范。**二是发挥医保杠杆撬动作用**。紧紧抓住 DIP 支付“牛鼻子”，通过建机制、打基础、推协同，分批推进，实现全市定点医疗机构支付改革全覆盖。2023 年度，全市按病种分值付费支付改革总体结余 792.23 万元。总额付费支付改革职工医保获结余奖励 202 万元。**三是推动医药集中带量采购**。着力开展药品耗材集中带量采购，降低药品耗材虚高价格，医共体内实行药品耗材统一药品目录，全面执行国家、省集中带量采购中选结果，落实开展国家、省集中带量采购工作。当前，在已执行的药品集采中选产品中最高降幅达 86.3%，最低降幅达 12%，平均降幅达 49.15%。

四、聚焦“四权”下放，让医共体管理运行更有“序”

一是下放人事管理自主权。全面实行总院院长聘任制、年薪制，充分赋予总院“副院长提名权、中层干部任免权、人员自主招聘权”。**二是下放薪酬分配调整权**。打破事业单位统一工资制度，封存总院在编人员档案工资，全部实行岗位工资和绩效工资制。允许公立医院在核定的薪酬总量以内自主分配，将职工档案工资的 70% 和医院医务性收入提取部分用于岗位工资和奖励性绩效工资发放。**三是下放编制管理使用权**。建立编制备案制度，探索推进医共体内编制管理和使用由总院统筹，总院将医共体内各分院空编统一收编管理，编内人员由市人社局统一招聘，编外人员由总院根据核定备案编制总量按照程序自行组织招聘。2024 年，市第一、二医共体分别开展自主招聘 1 次，累计招聘 31 人，其中分院招聘 19 人。**四是下放基层管理主导权**。推进县乡村管理“一体化”，按照“五不变”“六统一”推进紧密型县域医共体建设，总院充分拥有分院经营管理、院长（副院长）任免、绩效考核、人事调动、财务分配等主导权。

五、聚力“四下沉”，让医共体分院服务更有“效”

一是管理下沉。建立市、乡、村三级包保责任，实行科级领导包乡镇、总院领导包分院，分院包村卫生室的工作机制，负责指导谋划分院发展，实现市、乡、村一体化管理。**二是人员下沉。**建立总院主治医生下沉到分院和分院执业（助理）医师下沉到村卫生室的两级人员下沉定向服务工作机制，助力乡村两级医疗服务能力提升。2024 年总院下沉主治医生到分院开展坐诊、带教服务 25 人，分院下沉执业（助理）医师到村卫生室开展技术指导 50 人。**三是技术下沉。**建立总院科室与分院科室共建工作机制，按需开设口腔科、妇科、中医妇科、营养科、老年病科等特色科室；下沉专家指导中心卫生院开展住院服务，进一步拓展分院业务范围，提升医疗卫生服务能力和水平。2024 年，全市中心卫生院开展住院服务占比为 83.33%，78% 的基层医疗卫生机构达到能力建设标准。**四是服务下沉。**推进分级诊疗关口前移、重心下移，组建县级专科医师参与家庭医生团队，实行“总院 + 乡镇 + 村医”组团式签约服务，为群众提供全方位全生命周期健康服务，实现“防、治、管、教”四位一体健康管理新模式。2024 年，组建网格化包保家庭医生签约服务团队 55 支 1 244 人，配备流动小药箱 109 个，为重点人群开展医疗与健康双处方治疗和“集中 + 个体化”家庭医生签约服务，规范管理率进一步提高。

“四个坚持”打造边疆民族山区医共体新模式

云南省玉溪市新平县卫生健康局

新平县针对医疗资源不均等问题，学习三明医改经验，以紧密型县域医共体总医院改革为抓手推进医改。确立“一院三区”构想，以三院区带动、一中心协同、九分院联动、122个村卫生室支撑，探索出特色医共体建设模式。

一、基本情况

新平彝族傣族自治县位于滇中部偏西南，地处哀牢山脉中段东麓，玉溪市西南部，县域面积4 267.03平方公里，辖6乡4镇2街道、124个村（居）委会、1 491个村（居）民小组，2024年末常住人口26万人，其中彝族14.23万人、傣族4.28万人，占全县总人口的71.2%，是一个典型的山区少数民族自治县，现有各级各类医疗卫生机构182家。

二、主要做法

（一）坚持党委主导，形成全县“一盘棋”

县委、县政府主要领导高位推动，县政府一名副县长统一分管医疗、医保、医药工作，建立深化医改联席会议制度，组织编办、财政、人社、医保等部门定期研究解决县域医共体建设中的困难和问题，多部门协同联动推进改革。“十四五”以来，共投入 11.2 亿元建设新平县人民医院综合楼、门诊医技楼等，加快补齐县域医疗卫生基础设施短板。

（二）坚持管理同质，建立管理“一本账”

1. 统筹人员管理　编制实现总量核准、动态调整，落实“凡晋必下”制度；总医院各成员单位高级专业技术岗位按照牵头单位（新平县人民医院）标准进行统一设置，高级职称岗位设置比例由改革前的 11.8% 提升至 19%。三个院区按照行政管理扁平化、业务管理垂直化、专业标准同质化、文化氛围同源化的要求，中层干部统一任免、学科发展统一规划、绩效考核统一开展，不再单设领导班子，由总医院领导班子兼任。**以县人民医院为牵引**，以外转集中病种强专科，2024 年 CMI 值 1.3，在云南省 105 家二级甲等综合医院中排名第 2，较 2018 年的 1.032 5 上升 0.247 5，排名上升 20 名。**推动人才、资源、病种“三下沉”，**积极打造县域医疗次中心，派驻优质专家到基层分院长期驻点帮扶，同时选派基层分院医务人员柔性流动到西、北两个院区顶岗学习，将一、二级手术逐步回归基层开展，县域医疗次中心服务能力不断提升，辐射带动作用日益凸显。**以县中医医院为载体**，统筹规划实施全县中医药人才培养、基层中医馆建设、中医药适宜技术推广等中医药发展建设，引领带动全县乡村两级医疗卫生机构中医药服务能力提升。全县 100% 的乡镇分院开设中医科，100% 的村卫生室开展中医药健康管理服务，86% 的村卫生室开展 5 项以上中医药适宜技术。

2. 统一财务管理　建立县域医共体预算管理、内审管理等制度，财务实行统一管理、分户核算，资产统一按需无偿调拨使用，提高设备使用效益，总医院成立以来共统一调配资产 147 台（件），在提高闲置资产、低效率设备使用效益的同时，为各院区、分院拓展新技术、新项目，为实现远程影像诊断中心全覆盖提供了硬件支撑。

3. 统一药耗管理　严格落实国家集采药品使用政策，统一药品管理、采购配送、货款支付，统一用药目录（其中限二级及以上医疗机构使用品种 9 个、医保丙类自费品种 139 个），由总医院统一药品采购审核，统一组织医用耗材招标采购。总医院成立以来统一采购药品金额达 2.89 亿元，2024 年药品采购成本较 2022 年下降 1 183 万元，统一招标采购医用耗材金额达 1.17 亿元，2024 年医用耗材采购成本较 2022 年下降 1 382 万元。统一抽查点评基层医疗卫生机构处方 43 484 张，处方点评合格率提升至 97.6%。

（三）坚持资源融合，凝聚服务"一条心"

1. 实施有序转诊 推进基层各分院规章制度、技术规范、人员培训、质量控制、绩效考核等标准同质化，制定了县域医共体乡镇分院首诊疾病病种目录、县级医院下转疾病病种目录、不轻易县外转诊疾病病种目录及医共体双向转诊实施方案。各乡镇分院"一家人"的认同和归属进一步强化，服务能力大幅提升，三家中心乡镇卫生院服务能力全部达到国家推荐标准，2024 年，县域内基层住院率达 33.08%，是 2018 年的 2 倍多；基层门急诊占比较 2018 年提升 14 个百分点；基层手术量达 409 台次，是 2018 年的 5 倍多，群众看病难、看病贵、看病远的问题逐步解决。

2. 推进信息共享 2022 年市内率先建成覆盖全部院区、分院的远程心电诊断中心、远程影像诊断中心，以"短平快"的方式切实解决基层招人难、留人难等人才紧缺问题，夯实分级诊疗根基，通过开通远程诊断，实现结果互认，仅交通费一项就为乡镇患者每年减轻就医负担 200 多万元。远程心电诊断中心累计完成 19 万人次远程诊断，远程影像诊断中心累计完成 24.8 万人次远程诊断。

3. 促进医防融合 2021 年市内率先探索组建城区慢性病管理中心。通过整合三所城区医疗资源，实行集约化管理；推动服务下沉融合，将 22 个稳定期慢性病患者服务下沉至城区健康管理中心，开设门诊，建立三级共管网络，形成医防融合新模式；实施网格管理，以医保结余资金作奖励性绩效，设置三级网格全覆盖。**规范管理率明显提升**，2024 年，城区健康管理中心高血压、2 型糖尿病患者建档管理人数占比分别达 30.3%、43.1%，规范管理率达 95.1%、91.9%，县级医院普通慢性病（高血压、2 型糖尿病）患者住院人次较 2021 年下降 25.8%；**服务依从性明显改善**，2024 年城区健康管理中心慢性病门诊服务 58 462 人次，是2021年的14倍，县级医院普通慢性病门诊人次较2021年下降61%，稳定期慢性病门诊服务有序回归基层；**服务能力明显增强**，2024年城区健康管理中心慢性病诊治病种数达22种，是2021年的2倍；慢性病药品配备数量达112种，是2021年的3.2倍，实现县、乡、村慢性病药品保障的有效衔接。

（四）坚持利益共享，同担责利“一家人”

1. 建立财政投入补偿机制　全面取消公益一类医疗卫生机构医疗收入考核任务，每年间接增加地方财政投入690万元。自2020年起县级财政每年安排200万元设立卫生人才发展专项资金，支持总医院学科建设、人才培养等发展需要。在市内率先落实乡村医生养老保险补助政策，为符合条件的村医购买基本养老保险，提升乡村医生保障水平。

2. 建立增量绩效激励机制　建立“公益一类保障与公益二类激励相结合”的运行新机制，允许财政全额拨款医疗机构将业务收支结余提取医疗风险、职工福利等各项基金后，结合实际制定“一院一策”绩效工资分配方案，80%作为奖励性绩效工资增量用于绩效分配，激活内部运行活力。

3. 建立编外工资统一标准机制　新平县基层医疗卫生机构编内与编外人员比近1∶1，改革前存在编外人员薪酬标准不一、与编内差距大、社保及公积金执行混乱等问题，影响队伍稳定和人员流动。为此，总医院制定方案，统一规范编外人员基本工资、社保缴费和住房公积金标准，坚持向一线、骨干及偏远地区倾斜和差别化原则。其中，基本工资含岗位工资（按岗位、学历、职称等定，1 600～3 100元）、薪级工资（按院龄定）、津补贴（按偏远程度定，100～500元，城区无）及特殊岗位补贴（按人才紧缺程度定），推动薪酬管理规范化。

4. 建立医保资金共管共享机制　医保打包基金由总医院统筹使用，不再进行二次分配，变“分”为“管”，以“质”控费，建立紧密利益纽带，加大日常使用监管，强化医疗机构主动控费意愿，倒逼总医院规范服务行为，优化收入结构，提升服务能力，引导患者回归基层首诊，有序落实分级诊疗和双向转诊，提升医保基金使用效能，将医保资金由医院

“收入”变为“成本”。城乡居民医保资金连续 4 年实现结余，2021 年结余 338 万元、2022 年结余 1 185 万元、2023 年结余 1 015 万元、2024 年预计结余 1 577 万元，2023 年乡村两级医保资金使用占比达 28.4%，分别较 2021 年、2022 年增长 8.9 和 2.1 个百分点，呈逐年上升趋势。

5. 建立运行管理经费提取机制 制定运行管理经费提取使用方案，设置公立医院提取比例为 0.6%、基层医疗卫生机构提取比例为 5%，作为薪酬激励的有效补充。运行管理经费主要用于总医院整体规划建设项目且无项目专项资金支持的适当弥补、核算总医院财政资金的财务人员薪酬发放、远程心电影像中心读片人员绩效工资和与总医院建设运行相关工作的经费支出。

三、主要成效

（一）县域服务能力得到提升

2024 年，县级公立医院出院患者四级手术是 2018 年的 6.83 倍，三四级手术占比由 29.8% 提升至 32.9%；县域外转住院人次下降 74%；基层诊疗量占比从 49.7% 上升到 64.2%，基层住院量占比从 16.0% 上升到 33.1%；基层手术量是 2018 年的 5 倍多。县中医医院在云南省二级公立中医医院 2021 年绩效考核中排全省第 9 名，进入全国百强。

（二）医保基金使用效率得到提升

城乡居民医保打包基金实现由 2018 年的超支 228.3 万元到 2024 年结余 1 577 万元，2021 年起连续 4 年实现结余，县域内基层医疗卫生机构医保基金支出率由 2018 年的 8.0% 上升至 2024 年的 21.7%，提高了 13.7 个百分点，医保基金撬动“促分工”的效果愈发明显。

（三）医务人员薪酬待遇得到提升

2024 年，公共卫生机构及基层医疗卫生机构的增量绩效工资总计 1 630.05 万元、年人均增量绩效工资 2.4 万元，分别是 2018 年的 2.9 倍和 2.5 倍，其中，乡镇卫生院年人均增量绩效工资达 2.2 万元，是 2018 年的 2.8 倍。

（四）群众健康素养得到提升

群众健康素养水平提升至 31.1%，县域内四类慢性病过早死亡率下降至 12.3%。

（五）群众满意度和获得感得到提升

县域内住院次均费用下降至 3 390.4 元，牵头医院门诊、住院患者满意度分别达到 96.5%、95.1%。

深化四项改革赋能　聚力五个突破显效
紧密型县域医共体让群众共享健康红利

陕西省汉中市宁强县卫生健康局

近年来，宁强县始终坚持以人民为中心的发展理念，以让群众“看得上病、看得好病、少得病、不得大病”、减轻群众看病负担为切入点，积极推进以医疗管理体制、医保支付方式、医防融合服务、统筹联动推进四项改革为核心驱动的紧密型县域医疗卫生共同体建设，基本实现了“县强、镇活、村稳、上下联、信息通、健康优”的医改目标和患者、医生、医院、医保基金多方共赢局面，全县群众看病贵、看病难得到有效缓解，获得感、幸福感、安全感更加明显，受到国家、省、市的充分肯定和媒体的高度关注。

一、主要做法

（一）持续深化医疗管理体制改革，保障医共体规范运行

在先后经历县级公立医院托管镇卫生院试点、牵头与 11 家镇（办）卫生院建立医疗服务共同体等改革探索实践的基础上，2018 年，进一步合理规划建设，确定由两家县级公立医院牵头，与 18 个镇（街道）卫生院及所辖村卫生室，分别组建两个医共体，实现县镇村一体化。总院成立“一办五中心”，对分院行政、人事、财务、业务、药械、绩效、公共卫生、资源配置、信息化等实行统一管理，建立高效运营的管理体制。

（二）持续深化医保支付方式改革，构建多元复合式支付

采用按病种付费为主的多元复合式支付方式，大力推行临床路径管理，医共体内实行以人头总额预算包干支付方式改革，建立“结余留用、合理超支分担”激励约束及医疗费用控制机制。包干基金结余部分经过决算，转化为医院业务收入，80% 由总院分院和村卫生室按 9∶1 比例分配，主要用于绩效考核，20% 用于医共体事业发展。

（三）持续深化医防融合服务改革，打造健康服务共同体

坚持预防为主、医防融合、上下联动，以县域医共体管理模式为基础，由两家总院牵头组建健康共同体。县妇幼、疾控根据功能定位加入健共体，并在总院成立健康服务中心，引导技术力量参与健康管理、健康教育工作，形成横向协作与纵向联动帮扶机制。

（四）持续深化领导工作机制改革，保障医改顺利推进

强化党政统筹，实行医改领导小组双组长制，研究出台保障措施及人事、财务等系列配套文件。成立由县级领导任组长的专项督导组，定期对工作进展情况进行督查。加大财政经费保障，将医疗机构正式在编在岗人员基本工资和绩效工资纳入财政预算。

二、亮点及成效

（一）突破体制机制壁垒，整合型医疗服务体系更加完善

狠抓四个创新，构建新的体制机制。**一是创新运行管理机制**，落实医共体总院人事管理自主权，分院院长由总院任命，人员流动不受限制，实行统一招录、培养、调配使用；分院实行一类事业单位建制、二类事业单位管理，融合推进绩效激励机制。**二是创新资源整合机制**，整合医共体片区卫生资源要素和功能，总院对分院实行人财物等统一管理，提高优质资源规模化、集约化利用水平。**三是创新结余资金管理使用**

办法，允许医疗服务收入扣除成本并按规定提取各项基金后，将收支结余部分 70% 用于绩效分配，30% 留作卫生事业再发展基金。**四是创新权责落实机制**，医共体牵头医院分别成立党委，实施党委领导下的院长负责制。

（二）突破分级诊疗瓶颈，县域医疗服务能力全面提升

一是优质资源下沉。两家总院分别与省市 5 家三级医院建立医联体、对口帮扶协作关系，帮助总院建设省市级重点学科 15 个，开展新技术 40 项，建立石学敏院士工作站、王旭东专家工作站，国医大师、名中医“师带徒”50 余对。**二是人才技术下沉。**总院、分院根据需要逐级下沉技术骨干，通过临床教学、专家带教、业务查房等方式进行“传帮带”，总院累计选派 22 名骨干医师到分院担任党支部书记或业务副院长，下派技术骨干 400 余人次，带动分院开展新技术新项目 26 个，新增疾病诊疗病种 30 余个、新发展学科 15 个。在分院建立名医工作室 17 个、村卫生室建立全科医生工作室 46 个。**三是病员下沉。**因基层服务能力和报销比例双提高，激发一般患者优先到就近卫生院看病就医热情，18 家卫生院全部开展住院业务，实现患者外转率、患者住院率、群众医疗费用支出三下降。

（三）突破基金监管难题，实现多方合作共赢

一是群众利益更有保障。强化“三医”联动，医保基金总额预算包干，使医保部门工作重心由防止过度医疗向防止服务缩水转变，既保障群众利益，又防止医保基金浪费；积极落实国家药品集中带量采购试点扩围工作，优先使用中选药品和国家基本药物。2024 年，3 家县级公立医院药品零差率销售已让利群众 820 余万元。**二是医疗服务更加规范。**“医疗收入”变成“医院成本”，促使医务人员主动节省医保资金，倒逼医院从“要我控费”向“我要控费”转变，解决“小病大养”等问题，医保基金“守门人”效果显现。**三是激励机制更加科学。**进一步优化医共体薪酬结构，允许下派人员原单位待遇不变，同时享受每天 40 元补助和分院绩效，下派人员收入提高 40% 左右，分院医务人员绩效提高 20% 以

上，村医绩效考核后人均增加收入 2 000 元左右；县财政拿出 65 万元，用于奖励医共体建设优秀人员。建立全县卫生事业发展基金池，用于 6 个偏远镇街卫生院在编在岗和临聘满 1 年以上的医务人员，按服务期限实行阶梯式补助，人均月补助 800 元；对全县地理位置偏远、服务人口小（800 人及以下）、收入低且承担基本医疗服务的行政村卫生室，每月补助 500 元，提高了村医待遇和积极性，稳定了村医队伍；支持基层医疗卫生机构在编在岗人员，后续取得国家认可的医（药、护、技）院校本科及以上学历，为其报销不低于 50% 的学费。同时，县财政按人均每年 2 000 元标准为在岗 60 岁以下的村医购买养老保险，并纳入财政预算。

（四）突破重治轻防现状，大健康格局基本形成

一是依靠签约服务，做实治已病防未病。构建“1＋3＋1”签约服务团队，为签约群众提供基本公共卫生、基本医疗等服务；制定县镇村三级慢性病分级诊疗预防病种目录，实行分级管理。实行“一病两处方”制，实现治已病防未病同步走。**二是依靠中药资源，推进医康养融合。**深入实施中医药“治未病”健康工程，推动中医药资源、技术、管理、产品服务、激励机制下沉基层。全县开展中医诊疗技术项目 63 个、研发生产中药制剂 30 余种，县天津医院和县中医医院设置中医康复理疗科病区，县妇幼保健院建成妇孺中医馆，18 家分院实现中医馆全覆盖，建成 24 家村卫生室中医阁，县、镇、村医疗机构中医药服务占比分别达 43.5%、40%、35%。加快推进医康养深度融合发展，总院与县域医养机构、镇办敬老院签订医疗服务协议，建立“医院＋养老院”“卫生室＋幸福院”医养服务新模式。**三是依靠职能整合，提升群众健康素养。**医共体的组建，有效整合疾病预防、慢性病管理、妇幼保健、医疗机构、中医养生保健职责，共同做实做细健康宣传、慢性病管理工作。全县居民健康行为形成率达 73.1%、健康素养水平达 23.5%。**四是依靠全民力量，构建健康大环境。**成立党政“一把手”为组长的全民健康负责制工作领导小组，合力推进全民健康县、镇、村共保工程；扎实开展八大健康细胞示范建设、健康教育普及、健康行为促进等行动计划，推进健康知识

“六进”，提高老百姓健康素养。积极开展爱国卫生运动、农村人居环境卫生整治等工作，切实筑牢群众健康保障网。

（五）突破信息互通障碍，打造智能健康管理体系

深入推进“互联网 + 医疗健康”，开展移动支付服务；向上积极对接省内外三甲医院，向下辐射所有镇办卫生院和村卫生室，初步实现省、市、县、镇、村五级信息互联互通、数据共建共享。建成县 120 急救分中心，将 3 家县级医疗机构建成急救站、在 16 家镇卫生院建设急救点，全县所有院前急诊急救资源统一调度指挥；县天津医院医共体总院牵头完成心电网络诊断中心建设，自 2024 年 9 月 1 日至 2024 年年末，已为基层医疗机构诊断心电检查 5 200 余人次；推行健康档案无纸化管理试点工作，开发运用手机 APP，为群众提供在线就医预约、健康教育等服务，构建防治结合新模式。在分院建设数字化预防接种门诊，设立智能化健康管理中心，实现信息惠民、便民。累计开展远程会诊 1 500 余例、培训 8 000 余人次，处方审核 10 000 余例。

强化体系重构　统一五项管理
紧密型县域医共体建设向着“保健康”目标笃定前行

宁夏回族自治区吴忠市卫生健康委

吴忠市认真落实国家、自治区及吴忠市紧密型县域医共体建设工作要求，坚持把推进紧密型县域医共体建设作为提升民生保障水平、增进群众就医获得感的重要抓手，按照“县强、乡活、村稳”的发展思路，强化务实举措，扎实推进紧密型县域医共体建设，构建县、乡、村一体的三级联动县域医疗卫生服务新体系，让群众享受优质的医疗服务。

一、高位推动底色，强化紧密型县域医共体建设责任担当

吴忠市委、市政府高度重视紧密型县域医共体建设工作，将紧密型县域医共体建设工作列入全市重点工作之一，写入政府工作报告，市、县两级党委、政府部门密切协作，全面推进紧密型县域医共体实体化运行工作。吴忠市深化医药卫生体制改革工作领导小组印发了《关于进一步加快推进紧密型县域医共体实体化运行工作的通知》(吴医改小组〔2023〕1 号)，明确了紧密型县域医共体建设重点任务、重点指标。围绕紧密型县域医共体建设工作由分管副市长带队开展调研 1 次，结合县(市、区)实际，提出具体工作要求。红寺堡区、青铜峡市、盐池县、同心县四县(市、区)紧盯县域医共体建设工作重点任务，积极谋划、主动作为，召开会议对全县(市、区)医共体工作进行安排部署，县域医共体

“五统一”管理工作有序推进。红寺堡区邀请石河子人民医院专家团队对全市人事薪酬制度改革工作进行了现场指导调研，制定市级医疗机构薪酬制度改革方案；盐池县县委书记、县长对全县卫生健康工作进行调研，为总院公开竞聘专职副院长、总会计师各一名，任命专职副书记、纪委书记，完善了总院班子组织架构；同心县副县长带队赴盐池县进行学习考察，全面推进县域医共体一体化运行工作。

二、擦亮部门联动成色，强化紧密型县域医共体建设纵深发展

市卫生健康委积极与吴忠市医疗保障局沟通对接，协调推动落实紧密型县域医共体医保基金总额付费工作，推动落实医保“总额包干、结余留用”政策，助推医共体实体化运行工作，青铜峡市已兑现 2022 年、2023 年结余资金 216 万元、356 万元，盐池县已兑现 2022 年结余资金 292.02 万元。四县（市、区）党委组织、编制部门及财政、人社部门通力协作，强化政策出台，助力紧密型县域医共体建设向纵深发展。四县（市、区）医疗健康总院坚持和完善党委领导下的院长负责制，始终把党的政治建设摆在首位。坚持目标导向，以绩效评价推动工作落实，2022 年全区紧密型县域医共体建设绩效评价盐池县位列全区第一，2023 年度紧密型县域医共体建设绩效评价已顺利完成。

三、绘就统一管理亮色，强化紧密型县域医共体建设成效转化

1. 服务融合，聚力业务一体化管理 积极推进乡村卫生服务一体化管理和县、乡、村三级医疗机构业务同质化管理，红寺堡区、青铜峡市制定“一科帮一院”计划，由辖区二级医疗机构对 5 所卫生院和 1 所社区卫生服务中心进行帮扶；同心县在河西镇举办卫生院医疗服务延伸点 2 个。全市选派 147 名专业技术人员对口支援基层医疗卫生机构。截至 2024 年底，青铜峡市、盐池县、同心县医疗服务收入（不含药

品、耗材、检查、化验收入）占医疗收入比重达到35%以上。推进医防融合，提升慢性病管理水平，做好重大慢性病机会性筛查干预，对全市423个家庭医生团队进行调整优化，2023年度自治区考核全区基本公共卫生服务项目中盐池县、红寺堡区分别获得全区第一、第四名。

2. 机制创新，聚力财务一体化管理　实行总会计师制度，四县（市、区）医疗健康总院已完成总会计师聘任。红寺堡区实现对成员单位资产购置、财务运营以及结余分配资金统一管理。青铜峡市实行统一管理、集中核算、统筹运营的财务管理体制，借助医院资源规划财务管理软件等信息化手段，加快构建总院财务管理体系。盐池县上线了“盐池县医疗健康总院网报费控系统”，实现“互联网＋财务结算”。四县（市、区）持续完善医疗健康总院内审管理制度，保障医疗卫生机构规范运行。截至2024年底，青铜峡市、盐池县、同心县医疗收入增幅及门诊次均费用增幅均控制在10%以内、5%以内，四县（市、区）出院者次均费用增幅均控制在5%以内。

3. 资源盘活，聚力药械一体化管理　四县（市、区）成立医疗健康总院药械管理委员会，制定了医疗健康总院药械目录，基本实现统一目录、采购、配送、支付及使用的体系化管理。红寺堡区成立区域消毒供应中心并上线信息化管理系统，实现统一供应、回收、处置。青铜峡市成立医疗健康总院急救药品仓储中心，与第三方专业机构签订不合格药品回收协议，由医疗健康总院集中回收、处置。盐池县以医疗保障局为牵头单位成立药品、耗材谈判小组，发挥集中采购规模化效益，总体降幅在25%～35%之间，涉及医药物资品种4 200余个。同心县与基层医疗卫生机构签订清洗、消毒、灭菌协议。截至2024年底，四县（市、区）药品收入（不含中药饮片）占医疗收入比重均控制在30%以内。

4. 数智赋能，聚力信息一体化管理　积极推进医共体信息化平台建设，完成与自治区“互联网＋医疗健康”一体化平台对接，有效整合分散在不同机构的卫生健康数据，实现了“基层检查＋上级诊断＋区域共认”的服务模式，截至2024年底，四县（市、区）累计开展远程医疗服务14.27万次。红寺堡区上线基层一体化云HIS、云LIS、云EMR，夯实基层信息化基础。青铜峡市紧密型县域医共体建设暨高质量发展项目信息化建设项目正在有序推进。盐池县已建成“互联网 + 医疗健康”信息平台，实现医疗、公共卫生、家庭医生签约业务数据互通共享；建设县域共享中药房，打通中医药服务“最后一公里”。青铜峡市、盐池县已实现卫生健康信息向居民开放。

5. 队伍联动，聚力人员一体化管理 四县（市、区）医疗健康总院领导班子成员由组织部门实行委任制和任期目标责任制。全面修订和完善健康总院人员统一管理的相关规章制度，持续落实医疗健康总院岗位设置等自主权，对县公立医院编外人员进行了过渡登记及分流消化。全面推动“乡村一体化”，通过“乡聘村用”机制对各村卫生室的村医实行了聘用，并积极争取多渠道补偿政策，逐步健全乡村医生社会保险机制。红寺堡区、青铜峡市、盐池县对医疗健康总院领导班子进行了调整优化，盐池县对各医疗卫生机构的编制和人员总量分别核定，对符合条件的 101 名村医全部进行聘用上岗，将其纳入卫生院统一管理和考核，并全部缴纳养老保险。

四县（市、区）坚持以实现突破提升为目标，着力补短板、强弱项，不断加强区域医疗服务能力建设，持续推动县、乡、村三级综合服务能力和效率提升。四县（市、区）累计建成市级重点专科 18 个。乡镇卫生院、社区卫生服务中心全部建成中医馆，90% 以上的村卫生室与社区卫生服务站能够提供中医药服务，中医诊疗量占总诊疗量的 19.1%。全市达到国家服务标准的乡镇卫生院和社区卫生服务中心 46 家，达标率为 90.2%，青铜峡市青铜峡镇中心卫生院和盐池县惠安堡镇中心卫生院达到了县域分中心标准。507 所村卫生室达到国家服务标准，基层诊疗量较上年同比增长 10% 以上。通过紧密型县域医共体建设，群众健康服务的可及性不断提升，群众就医获得感、满意度稳步提高，群众健康服务需求得到有效满足。

第四部分

推进医保支付方式改革，加强绩效考核

聚焦体制机制　多点多向发力
全力推动紧密型县域医共体建设提质增效

河北省石家庄市卫生健康委

近年来，石家庄市坚持把推进紧密型县域医共体建设作为深化医药卫生体制改革的重要内容和增进人民健康福祉的有力举措，紧紧围绕“县级强、乡级活、村级稳、上下联、信息通”的目标，全面推进紧密型县域医共体建设提质增效。

一、“坚持三个强化”，凝聚推进医共体建设合力

一是持续强化组织领导。市委、市政府将紧密型县域医共体建设纳入重点民生工作，多次召开医共体建设推进会、专题协调会，帮助解决医共体医保基金总额付费、基层医疗服务价格调整等一批重点领域难点问题。**二是持续强化部门合力。**市卫生健康委联合市医保局、人社局、财政局、市场监管局等部门，印发《石家庄市深化医药卫生体制改革联动工作机制》文件，定期研究会商、协调解决医共体建设推进中的难点堵点问题，增强改革的系统性、整体性、协同性。**三是持续强化县级统筹。**16 个县（市、区）全部组建了由党委政府牵头的医共体管委会，其中，有 6 个县（市、区）由县委、县政府主要负责同志任“双主任”，8 个县（市、区）由卫生健康部门主要负责同志兼任医共体党委书记，统筹推进医共体建设中的重大事项。

二、“健全六大机制”，助力医共体建设落地落细

一是建立定期调度机制。按照“抓两头、促中间”的思路，采取分片调度、重点调度、现场调度等方式，召开10余次医共体建设调度会，对排名靠后的4个县（市、区）卫生健康局、医共体牵头医院负责同志进行约谈。**二是建立现场督导机制。**按照“走出办公室、深入到一线”的工作思路，市卫生健康委主要或分管负责同志带队，每周至少到1个县（市、区）现场调研，先后调研40余次，覆盖16个县（市、区）。**三是建立问题反馈机制。**建立“月追踪、季通报、半年调度、年终考核”的监测评价机制，对各项任务实施台账式管理、清单化推进、常态化监测，及时向各县（市、区）主要领导寄发提醒函和整改通知书，限期整改到位。**四是建立经验交流机制。**举办2次全市医共体建设擂台赛，16个县（市、区）卫生健康局局长、24个医共体牵头医院院长，分别登台展示建设成果、分享工作心得，形成“比学赶超”氛围。市卫生健康委建立医改工作群，随时向县（市、区）推送外地和本地好的经验做法，印发《石家庄市紧密型县域医共体实践与思考汇编》《石家庄市紧密型县域医共体建设案例交流》《2024年县（市、区）半年紧密型县域医共体建设工作交流》等文件汇编，分享经验、取长补短。**五是建立观摩拉练机制。**组织各县（市、区）卫生健康局、牵头医院负责人，到本市工作推进力度大、进展快、效果好的藁城区、正定县等观摩拉练，鼓励先进、鞭策后进。**六是建立分片互查机制。**在石家庄市东西南北划片4个区域，每个区域4个县（市、区），定期组织医共体建设互查工作，在发现问题、整改问题中持续优化医共体建设。

三、“聚焦三个方向”，推进医共体建设提质增效

（一）聚焦外部协同促发展

在人事薪酬上，所有二级及以上公立医院书记、院长年薪制实现全

覆盖，积极统筹 22 个医共体实施“全员工分制”绩效改革，着力构建工作量、DIP 结算考核、成本控制、工作质量、学科建设等多维度的绩效体系，并设置下派人员帮扶绩效、远程会诊诊断绩效、慢性病管理绩效、家庭医生签约绩效等模块，通过“目标 + 综合 + 单项”的复合型绩效管理模式，建立良性循环绩效考核机制，提高医务人员积极性。**在医疗服务价格调整上，**2024 年，累计调整 1 579 项医疗服务价格项目，其中提高 1 478 项，降低 51 项，新增、停用、修订 50 项，进一步优化县级及以下医疗机构收入结构。**在医保支付方式改革上，**积极推动基层日间病房按病种付费试点扩面，现已覆盖 12 个常见多发病种、37 个基层医疗卫生机构，进一步提升县域医保基金使用效率。

（二）聚焦内部管理促融合

在细化运营管理方面，16 个县（市、区）均实现五大管理中心实质化运行，24 个县域医共体实现医共体内药品统一采购、用药目录衔接、处方自由流转和同质化药学服务。**在优化资源配置方面，**石家庄市、县两级投资 2.16 亿元，完善紧密型县域医共体基础设施建设，加强人才引进，打造特色专科，提升医疗服务整体效能。**在强化信息化建设方面，**由市级统筹，投资 2 300 余万元，为全市医共体建设分级诊疗系统、医改综合监测平台、家庭医生签约系统、基本公共卫生系统等，实现市、县、乡三级医疗信息资源互联互通。截至 2024 年末，医共体牵头医院协助基层完成远程心电诊断 11.59 万例、影像诊断 9.5 万例，为患者节省就医费用 166.9 万元；同时，畅通双向转诊，合理利用县域内医疗资源，明确各级医疗机构功能定位，逐步形成“基层首诊、双向转诊、急慢分治、上下联动”的分级诊疗模式。2024 年，基层医疗卫生机构向县级医院上转患者 13 073 人次，县级医院向基层医疗机构下转患者 32 368 人次。

（三）聚焦能力提升显成效

一是推动省市级医院优质资源下沉。省、市医院通过专家派驻、专科共建、临床带教等方式定向帮扶县级医院提升专科能力，尤其是在中医药适宜技术推广方面，举办全市范围的中医药适宜技术培训班 4 场，累计培训中医药适宜技术基层骨干 600 余人次；组织市级专家团队赴各县域医共体牵头医院或医共体成员单位进行业务指导，共计开展现场培训 40 余场；组织开展“西学中”培训 2024 年结课考试工作，顺利完成全市 2 500 余名学员考试考务工作。赞皇县医院、井陉县医院、藁城区人民医院和元氏县医院入选县级综合医院适宜卫生技术推广省级试点医院。**二是推动县级医院优质资源下沉。**大力推进“县管乡用、乡聘村用”，县级医疗机构向乡镇卫生院派驻人员全年累计 2.74 万人次，帮助基层提升医疗服务能力；持续推进乡村卫生一体化管理，落实村卫生室运行经费 620.75 万元，村医养老补助 543.52 万元。培养 36 名临床医学本科、8 名临床医学专科农村订单定向免费医学生。通过国家基层人才能力提升培训项目、基层全科医生岗位练兵和技能竞赛等多种形式，培训基层医务人员近 3 万人次。截至 2024 年末，通过各种形式帮扶和培训，累计帮助基层开展新技术 573 项、新项目 283 项。**三是推动医共体内检查检验结果互认共享。**各县（市、区）均制定了医共体医学检查检验结果互认工作方案和管理制度，提高了医疗资源的利用效率，简化就医流程，避免出现重复检查、检验，降低就医成本。医学影像及检查检验结果互认共享服务平台自上线运行以来，检查检验结果调用 5.7 万次，互认 2.53 万次，节省费用 347.72 万元。**四是提升县域慢性病一体化管理能力。**16 个县（市、区）全部建立县域慢性病管理中心，同时，依托公立医院改革与高质量发展示范项目，建设区域慢性病健康管理信息系统，主要对高血压、糖尿病、慢性阻塞性肺疾病、脑卒中、冠心病、慢性肾病等进行监测，通过大数据监测，优化医疗资源，为医生提供更加准确的患者信息，通过系统向患者推送用药提醒、复诊提醒、就医提醒、起床锻炼提醒等，促进医防融合，做到早发现、早诊断、早治疗，从以治病为中心向以健康为中心转变。截至 2024 年底，管理慢性病患者 80 余万人。

持续深化紧密型县域医共体建设
打造融合型健康服务共同体

辽宁省沈阳市法库县卫生健康局

辽宁省沈阳市法库县常住人口34万，有县级公立医院2家、疾控中心和妇幼保健服务中心各1家、乡镇卫生院19个，村标准卫生室283个，有各类卫生技术人员2 654人。法库县统筹县域及各方资源，打造融合型健康服务共同体，形成了“一体发展、防治结合、信息支撑、资源共享、多方参与”的紧密型县域医共体建设“法库模式”，医疗服务可及性、便利性、连续性得到有效保障，为有效缓解老百姓“看病难、看病贵”问题找到了抓手。医共体建设被评为沈阳市首届制度性创新成果一等奖。

一、主要做法

（一）政府主导、部门配合，持续深化紧密型县域医共体建设

一是县委、县政府高度重视。县委、县政府将医共体建设列入全县重点改革创新项目，给予医共体建设政策保障，争取到医共体能力提升项目，总投资4.14亿元，2023年9月开工建设，2026年投入使用。加强信息化建设，投资1 450万元建设医共体云医院，实现远程会诊、影像、心电、病理服务功能，建立统一的医共体大数据分析与决策支持平台，数据驱动为医共体赋能。**二是相关部门积极配合改革。**县人社局、县委编办等11个部门建立协调联动的工作机制，重新核定医共体人员

总量控制数，统筹进行医共体岗位设置，赋予牵头医院用人自主权和乡镇卫生院院长提名建议权，盘活现有编制资源和人才资源，多渠道引进各类人才132人，其中，引进“名医名家”、紧缺专业人才和学科带头人8人。**三是理顺医共体内部工作体系。**深化以县中心医院为牵头单位，县中医医院、19家乡镇卫生院为成员单位，涵盖283个村卫生室的紧密型县域医共体建设，充分发挥村医导诊员、乡镇卫生院门急诊部、县级医院诊疗中心作用，构建起以县级医院为龙头、乡镇卫生院为枢纽、村卫生室为基础的县乡村一体化架构，加强医共体文化建设，统一门面牌和医共体文化背景墙，使医共体文化建设深入人心。健全办医清单、责任清单，规范医共体运行管理体系，形成政府主导、卫健局牵头、部门联动、医疗机构实施的工作模式。

（二）提升能力、做优服务，探索医防融合型服务模式

一是发挥牵头医院作用，推动资源下沉。整合县域医疗资源，提升胸痛、卒中、创伤、危重孕产妇救治、危重儿童和新生儿救治急诊急救五大中心建设水平，形成县域内分工明确、区域协同、分级救治的五大中心救治机制。推进人才下沉，县中心医院下派10名业务骨干担任成员单位业务院长、189名全科医生担任家庭医生团队长。推进专科下沉，实现“造血式帮扶”，形成乡镇卫生院“一院一科一特色”品牌效应。**二是深化家庭医生签约服务。**由县中心医院负责统筹推进家庭医生签约服务，制作家庭医生《工作手册》《服务手册》，组建“1+3”家庭医生服务团队283个，覆盖全部村屯（社区），全过程持续参与群众健康管护，已签约32万余人，签约率95%。**三是推动医共体服务效能提升。**细化完善同质化管理清单，建立综合目标绩效考核机制，健全成本核算体系，推动精细化管理。

（三）拓宽渠道、多方合作，共同助力实现高质量发展

一是加强与上级医疗机构协作。经多方协调，与沈阳市第四、第五、第八人民医院，辽宁中医药大学及其附属第二医院等不断深化合作，对县中心医院、中医医院开展全方位帮扶，建立多学科综合诊疗工

作站。推进“中医药小镇”和“辽宁名中医工作室”建设，最大限度让群众便利就医、省钱就医。**二是积极争取医保基金改革政策**。沈阳市医保局、卫生健康委、财政局联合印发《关于法库县紧密型县域医共体医保试点改革工作方案》，以法库医共体作为独立运营单位管理，根据实际签约缴费人数核定年度医保基金总额，让政府和医共体“管好自己的人、用好自己的钱”，在探索实行医保基金总额预付、结余留用方面实现了政策性突破。**三是探索与第三方合作**。同第三方商业机构合作加强信息化建设，建立统一的医共体大数据分析与决策支持平台，以信息技术重构医疗服务流程，持续改善医共体运营质量效率；建立中心药房，实现全县药品同质同价，提升药品配送及储备效率，普通药品实现日配送，急抢救药品耗材实现全县 1 小时送达，在降低患者用药成本的同时，保证了药品质量；创新性开展医保商保整合，设立医共体超支责任险和居民健康保障险，提升兜底保障能力，实现老百姓报销比例再升级和医保资金有保障；与辽宁农商行法库支行合作，实现医共体资金规范化管理。

二、工作成效

（一）群众获得感不断增强

县域内综合就诊率从 2022 年的 52% 提升至 2024 年的 86%，基层医疗卫生机构就诊率从 2022 年的 43% 提升至 2024 年的 75%，县域内住院人次占比达 85%；牵头医院三四级手术比例达 64%，同比提高 25 个百分点，下转患者数量同比增长 62.2%。群众域外就诊率下降 15.0%，门诊、住院次均费用同比分别下降 12.0% 和 9.2%，群众就医负担明显减轻，就医更省时、省力、省钱，群众对县域医疗服务认可度和信任度提升至 95.0%。

（二）医共体效能不断提高

医共体内院感、医疗安全、质量、医德医风明显改善，不合理用药、不合理检查得到有效控制，药占比同比下降 6 个百分点，老百姓就医连续性、可及性、技术性得到最大程度保障。截至 2024 年 11 月底，县医共体医疗服务全口径收入突破 1.9 亿元，保持了 21.1% 的复合增长率，医务人员薪酬水平提升 7% 且逐年提高，工作热情明显高涨。

（三）公共卫生服务提质升级

各项管理指标明显提升，居民健康档案电子化建档率达到 95%，动态管理率达到 90% 以上；高血压、糖尿病、严重精神障碍患者规范化管理率分别达到 85.6%、85.2%、94.8%；0～6 岁儿童健康管理率达到 92%、肺结核患者健康管理率达到 100%。

“三医协同　健康共富”导向下健共体薪酬体系重构的南浔实践

浙江省湖州市南浔区卫生健康局

面对医共体向健共体转型的迫切需求，传统薪酬制度与健康中国战略目标间的结构性矛盾日益凸显。为此，南浔区第二医疗集团锚定“健康共富”战略目标，以“三医协同”为改革路径，构建以健共体为整体薪酬预算 - 统一系数化基准绩效年薪 - 健康价值导向差异评价体系 - 各层级二次分配后绩效兑现为链环的全员岗位绩效年薪改革新模式，为全国健共体改革提供可复制的“南浔范式”。

一、创新举措

（一）组织整合与业务协同双维并进，破解三级医疗机构协同壁垒

1. 构建紧密型健共体组织　打破区、镇、村三级医疗机构的组织边界，聚焦管理聚合、资源整合、业务融合、利益契合四个维度实施“人员一家人、业务一盘棋、财务一本账、信息一张网”建设，构建分工协作、高效协同的集团化业务新体系。

2. 完善全员岗位管理机制　以满足各院区业务需求和提升服务效率为导向，统筹设置岗位 671 个，打破区域内人才身份、编制、机构三重壁垒，推行全员岗位双向选择，促成三个层级员工竞聘合理流动和岗位精准匹配，构建“行政力量向总院集中、技术力量向基层下沉、精干力量向学科靠拢”的人才队伍一体化新模式。

3. 建立差异化业务体系　落实“一院一策”差异化发展策略，突出“基层中医化”，设备、人员、技术、服务、管理“五下沉”，中医医师定向下沉、挖掘中医特长人才等多种方式集约化用才，下好健共体业务发展“一盘棋”，为全员岗位绩效年薪改革奠定基础。

（二）党建引领与医保赋能双核驱动，破解价值导向与健康转型系统性矛盾

1. 党委领航战略解码，构建三级传导体系　建立“战略目标（党委）- 核心指标（支部）- 岗位职责（党员）”穿透式解码机制，将“健康共富”目标融入薪酬基因。通过薪酬指挥棒实现党建治理从意识形态引领向业务全流程渗透，形成“目标设定 - 过程管控 - 结果评价”闭环。

2. 红指数牵引价值转型，双满意度双提升　创新季度薪酬（占总薪酬比例 15%）“红指数”考评体系（先锋指数 30% + 堡垒指数 30% + 清廉指数 30% + 医德指数 10%），深度融合医德医风与合理诊疗、成本控制指标，改革后员工与患者的满意度分别从 70.6%、86.9% 提升到 96.0%、96.7%。

3. 医保支付重构生态，健康产出反哺薪酬　以医保支付变革为驱动，建立“健康结果 - 医保效能 - 薪酬激励”的联动机制，凸显“健康即效益”的改革内核。辖区居民的健康指标强关联院区领导绩效和员工的年终薪酬评价体系，推动管理重心从“追求业务量”转向“关注健康产出”。

（三）岗位基准薪酬和绩效评价双维重构，建立效率与公平的新型平衡机制

1. 结构化预算体系实现精准调控　在健共体“定岗 - 定人 - 定责”的基础上，统筹整合成员单位薪酬预算，构建“6∶3∶1”的结构化分配机制：岗位固定薪酬占比近 60%，稳定员工收入预期；奖励绩效薪酬占比 30% 左右，向临床与公共卫生一线岗位适度倾斜；专项激励薪酬约占 10%，作为岗位年薪的合理补充，形成“标准化薪酬保底线 + 弹性化激励拓空间”的双轨体系。

2. 十维动态模型定义岗位价值　以岗位价值为核心，构建“岗位

系数×职称系数×学科系数×工龄系数”等10项动态叠加的薪酬模型，系统化解总院与院区、岗位与年资等结构性矛盾。例如，临床医师岗位基准年薪通过学科贡献、夜班频次等维度差异化系数核算，基层医生通过拓展家庭医生签约、慢性病管理等服务提升工作当量，实现“高风险高回报、多劳优绩多得”。

3. 分类评价驱动价值医疗转型 医院模块，对各岗位实施差异化积分制评价，比如临床医生聚焦学科高度与服务质量，设置CMI值、三四级手术量、费用指数等关键绩效指标（KPI），实现从“数量评价”到“价值评价”的根本性转变。基层模块，聚焦服务广度，采用全量指标来核算当量，并限定在岗位基准年薪的80%～120%区间。围绕提升辖区居民健康水平这一目标，遴选基本医疗、公共卫生、医养结合等业务核心节点来构建基层当量指标体系。

（四）基准年薪统一化和绩效评价全链化双轨制，破解集团分工与协同矛盾

1. 统一基准年薪打破层级壁垒，厘清岗位分工逻辑 全集团执行统一岗位基准年薪系数和标化值，以分工差异替代层级差异，突出总院做“专”、基层做“全”导向。例如，总院外科医生与基层全科医生基准年薪一致，仅通过学科贡献系数、健康管理成效等拉开差距，驱动总院联络基层来掌控资源，基层积极转诊疑难病例，形成“双向奔赴”的协作机制。

2. 全链条协作绩效绑定，实现“防-治-管”闭环 以家庭医生签约服务团队为纽带贯通集团业务，围绕“早筛-早评-早诊-早治-早管-早康-早护”全链条对各个层级机构的各个岗位实施精准当量激励。2020年以来集团共筛查出各类早癌922例，通过催诊-转诊-早诊的各级协同配合，成功留在牵头医院手术630例，占比近70%。

3. 分工协同系数动态调节，驱动资源高效配置 在岗位薪酬总系数中增设“集团调节系数”（0.9～1.1），由集团党委根据分工履职度与协作贡献度动态适配。例如，急诊科因高效联动基层转诊危重患者，集团调节系数上浮来正向激励；通过“各自为政”的科室系数下调来反向约束，推动内部竞争从“零和博弈”转向“协同增值”。

（五）薪酬分期兑现与二次分配的动态耦合，激发个人卓越和团队共生活力

1. 分期兑现强化过程管理，多维驱动价值创造 将岗位绩效年薪划分为四期动态兑现，形成“月度（60%）保效能、季度（15%）控行风、年终（25%）盯战略、清算（12 月绩效总量）促医保”的全周期管理模式。比如月度年薪重点聚焦工作负荷、核心发展、服务质量、运营管理四大维度评价，年终年薪视改革成效和经济运营等在 0.6～1.2 区间调整，确保总量可控、战略达成。

2. 民主分配确保公平公正，构建透明治理生态 建立“系统算法（70%）+ 民主评议（25%）+ 管理赋权（5%）”三级分配规则，创新系统刚性分配、民主柔性调节、科主任微调权三者有机结合，破解分配矛盾。其中民主评议由党支部书记领导的民主管理小组（含科组长、各支部委员、科室质管专员、运营专员、网格监督员等）基于“效率 30%、质量 30%、运营 30%、服务 10%”权重进行集体评价。

3. 专项激励破解个性矛盾，释放多元价值潜能 在集团所有员工实施岗位薪酬统一评价的基础上，补充优秀员工与集团协商提升学科及特长系数；对新技术、新项目实施单独精准激励；对符合集团价值观的“正向”事迹实施即时激励；对特殊人才和特殊贡献员工另辟学科创新专项激励等渠道，系统化解薪酬共性与个性的矛盾。

（六）数据治理与医保改革协同发力，实现薪酬激励从碎片管理到系统集成

1. 全链路数据贯通，智能薪酬平台穿透式管理 构建“战略规划 - 预算编制 - 指标设定 - 绩效考核 - 薪酬兑现”全流程数字化平台，贯穿薪酬全流程，前端数据抓取、中端当量核算、后端财务推送、结果全员可视。以岗位 - 绩效 - 薪酬动态联动来提升管理精度，破解多院区协同管理难题。

2. 医保结余价值再造，健康共富的双向激励闭环 创新“医保治理 + 数智治理”双循环机制，形成价值医疗新范式。**居民端**，将年度医

保结余基金的 80% 转化为动态健康积分池，激励参保居民参与重疾筛查、慢性病管理等。**医护端**，医保结余基金的 20% 注入医防融合奖励池，与家庭医生签约、健康共富深度融合，建立“医保结余→预防成效→基金结余→绩效增长”的价值传导链。

3. “微观 - 中观 - 宏观”三层动态调优，数据驱动精准治理　岗位层，通过实时查阅业务数据看板，动态实施绩效改进。**科室层**，通过 CMI 值、费用指数等动态排名，驱动学科对标优化。**集团层**，党委基于数据驾驶舱，定期复盘三医协同成效，动态微调绩效方案，确保改革目标精准、过程精准、结果精准。

二、取得成效

（一）居民健康指标显著改善

居民人均期望寿命从改革前的 81.7 岁上升到 2024 年的 83.3 岁；辖区重大慢性病死亡率从 8.6% 下降到 2024 年的 6.9%；辖区癌症五年生存率从 42.0% 提高到 2024 年的 58.7%，各项指标均优于全省平均水平。

（二）医保基金效能持续优化

2020—2023 年健共体医保门诊总额包干累计结余 2 000 余万元，奖励比例市本级最高。据初步统计，2024 年度辖区城乡居民人均统筹基金支出 2 842 元（包括各级医院和药店诊所全口径），明显低于全区 3 086 元的平均水平。

（三）基层慢性病管理全面提升

辖区慢性病患者家庭医生签约依从率从改革前的 90.8% 提升到 2024 年的 99.0%，签约慢性病患者的基层就诊率从 62.3% 提升到 2024 年的 80.5%。2024 年，辖区县域内就诊率和基层就诊率分别达到 90.7% 和 71.1%。

（四）学科建设水平跨越式发展

牵头医院的学科运营能力持续增强，CMI 值、病种组数、三四类手术量、相对权重（RW）≥2 病例、时间指数、费用指数在省同级医院中的排名分别从改革前的第 65、33、44、40、26、33 名快速跃升到 2024 年的第 7、5、8、3、1、2 名。

"标化绩效"考核引领
激活紧密型县域医共体建设新引擎

安徽省宣城市广德市卫生健康委

安徽省宣城市广德市，地处皖东南，总面积 2 165 平方公里，人口 52 万，是长三角地理几何中心，享有"三省通衢"美誉。为深入贯彻落实医药卫生体制改革精神，广德市创新性引入"三化融合（工作流程标准化、管理手段信息化、工作量绩效化）"理念，以"标化绩效"为抓手，通过科学的绩效考核与激励机制，激活医改新引擎，持续推进紧密型县域医共体建设提质升级。

一、主要举措

（一）政府主导，统筹协调促发展

市委、市政府高度重视医药卫生体制改革，将医共体标化绩效改革作为推动紧密型县域医共体建设的一项重要举措。成立工作专班，在市委卫健发展工委统筹指导下，负责全面推进医共体标准化绩效项目。工作专班定期召开推进会，及时解决标化绩效项目运行中出现的困难问题，确保改革工作顺利进行。在医共体内部，由牵头医院分管副院长担任标化绩效项目组组长，负责项目实施、运行效果评估以及优化改进；各乡镇卫生院由院长担任业务管理员，负责对卫生院及下辖村卫生室的月度业务进行监管与审核，形成上下联动、协同推进的良好工作格局。

（二）流程优化，标准规范保质量

出台《广德市县乡村三级转诊网络工作细则》，对“流程类业务”和“记录类业务”的操作步骤、响应时间、证明材料等进行了严格规范，实现“工作流程标准化”。比如“向上转诊”业务，当患者转诊符合分级诊疗规定时，由乡镇卫生院或村卫生室医务人员在标化绩效 APP 提交上转申请，APP 自动向乡镇卫生院（村卫生室）业务管理员、牵头医院接诊医生发送短信通知（要求接诊医生在 24 小时之内响应），业务结束后，医务科将收到审核任务提醒，确认接诊医生上传的转诊单、病案首页、入院记录等证明材料无缺漏错误后，计入绩效积分。通过标准化的流程管理，有效避免因操作不当或信息延误而导致的医疗差错，确保标化绩效项目高效规范运行。

（三）信息助力，管理升级增效能

开发健康服务标化绩效管理平台和手机应用程序，有效解决医疗机构之间、不同业务之间的信息壁垒，达到“管理手段信息化”效果。通过平台对接各级医院医疗信息管理系统门诊住院数据、基本公共卫生服务项目数据，对医共体各项业务指标进行动态监测和考核，对工作量实现标化积分管理；通过标化绩效 APP，实现业务执行、审核、反馈的闭环管理，所有业务都能够在 APP 申请并通过审核后方能计入绩效积分，用户登录后可实时查看业务进度和绩效分值情况。同时，接通智慧公卫平台，无须再次手动录入，系统自动同步相关业务信息。通过“一网络平台、一程序软件”，成功打破信息孤岛，精准掌握医共体运行情况。

（四）绩效驱动，工作量化提效率

围绕双向转诊、优质资源下沉、远程医疗等 21 项医共体业务，对牵头医院与基层医疗卫生机构交互业务进行梳理，确定项目内涵和计量办法，综合各项目服务价格的人耗、物耗、技术难度、风险系数等因素，建立了一套项目价值模型，为每一个医共体业务操作确定了工分值和工作内涵，工分值收益，针对申请医师、对接医师、管理员设立不同的分配比例。实现“工作量绩效化”，并依托医共体标化绩效管理平台进行绩效量化计算与考核。完成一次标化绩效项目，操作者获得相应工分值，对应绩效奖金的收益。比如“远程影像”项目，完成一例影像报告并及时回传，总分值 25 分，其中申请医师 20%、医务科管理员 10%、诊断医生 70%。牵头医院、成员单位，在月度、季度、年度的工作量均能实时查看，绩效分配透明公正，工作效率明显提高。

（五）医防融合，慢性病严管保健康

2024 年，实施标化绩效管理项目升级，形成了“分级诊疗、资源下沉、能力提升、分级管理、资源共享、健康促进、慢性病管理”七个板块，进一步优化了业务划分，扩大了覆盖范围。“慢性病管理”板块，分为“慢性病筛查”“慢性病随访”“慢性病教育与干预”三个项目，将医共体标化绩效管理项目与基本公共卫生工作相结合，绩效指标值与“两卡制”工分值相结合，有效促进了基本公共卫生服务工作的开展。村卫生室开展慢性病筛查、随访工作均会获得绩效值，极大地提高了工作积极性。同时也实现了更加精准、严格的医防融合管理和考核。

二、主要成效

（一）医共体医务人员工作积极性更加提升

标化绩效项目科学梳理了医共体工作流程和要点，并进行标化、量化和价值衡定，2024 年共产生绩效奖励 52 万元，已全部及时发放到位，极大地提升了医务人员的工作积极性。

（二）医共体内医疗机构上下联动更加密切

标化绩效平台实现了医共体内日常业务管理的闭环，每个环节均体现了牵头医院和分院、卫生室业务工作的价值，付出和回报不再是糊涂账，促使上下联动更加紧密。2024 年度医务人员积极参与开展各项医共体业务，全年标化绩效项目按照标准流程共完成闭环管理的有效

业务 16 629 件。其中，分级诊疗业务 1 203 次（向上转诊 1 075 次、向下转诊 101 次，检查上转 27 次），资源共享业务 15 268 次，资源下沉业务 101 次，分级管理业务 34 次，能力提升业务 14 次。通过利用标化绩效项目，逐步实现基层首诊、双向转诊的分级诊疗模式。

（三）医共体医防融合管理更加高效

广德市作为安徽省高血压、糖尿病一体化管理试点县，出台了《医防融合慢性病管理工作细则》，将“两病”管理纳入医共体标化绩效，通过量化工作指标来实现“县、乡、村”三级干预管理。牵头医院、乡镇卫生院和村卫生室通过标化绩效 APP 进行高血压和糖尿病分级分类转诊。村卫生室在规定外开展的高血压和糖尿病筛查、随访以及教育与干预工作，通过标化绩效额外激励。2024 年，累计开展健康促进业务 9 次，完成慢性病随访业务 1 275 次（其中，糖尿病额外随访 54 次，高血压额外随访 1 049 次，精神障碍额外随访 172 次），有效降低慢性并发症导致的住院率，进一步推进医防融合慢性病管理，真正实现“控慢性病于未危，融防治于一体”。

创推医共体“三破三通”改革
构建县域一体化医疗服务体系

四川省眉山市青神县卫生健康局

青神县聚焦公立医疗机构发展不平衡、医疗资源配置不科学、基层医疗技术水平不高等问题，创新推出医共体“三破三通”改革，全面构建县乡村连续型、一体化医疗服务体系。2019 年 8 月，青神县被列为全国首批紧密型县域医疗卫生共同体建设试点，县域就诊率维持在 90% 以上，基本实现“大病不出县、小病不出乡”。

一、突破体制机制壁垒，打通“层级梗阻”，推动医疗机构全域“一盘棋”

（一）实施统筹共建

以县人民医院为牵头医院，整合县级医疗机构、社区卫生服务中心、乡镇卫生院共 11 家公立医疗卫生机构和 58 个行政村（社区）卫生室，组建青神县总医院，构建县、乡、村“横向到边、纵向到底”的医疗服务体系。成立由县委书记、县长任双组长，卫生健康、医保等县级有关部门的主要负责人任成员的医共体管理委员会，统筹推进医共体的规划建设、投入保障、人事安排、考核监管等重大事项，打通管理机制堵点，实现全域医疗机构一体齐心发展。

（二）运行互联共融

集约整合县域资源，发挥各分院特色优势，设立党务行政、医疗质量等十大管理中心，全面履行总医院人才调配、财务收支分配、医疗业务等各项工作的日常管理和运行，开展“统预算、统采、统送、统价、统付”的集团式带量采购，推动各分院相融共生，医共体运行顺畅高效。开展带量采购便携式彩超、心电图机等医疗设备，降价幅度达 26.2%；采购 DR 打印胶片、试剂等低值耗材，降价幅度达 40.2%。2024 年县域内医保基金支出占比较改革前增加 15.6%，药占比较改革前下降 12.1%，医疗服务收入占比增加 11.9%，乡镇卫生院的公务费等运行成本下降 2.8%。

（三）人才共建共用

抢抓全省人才工作先行建设机遇，实行“三统一”模式（统一引进、统一管理、统一调配），集中力量引进研究生、规培生 28 名，调配使用 22 名。探索实行“岗编适度分离”，建立实施医务人员互派机制，累计选派 48 名乡镇卫生院人才到上级医院进修，下派 9 名县级医院业务骨干担任乡镇卫生院业务副院长，选派 45 名县级中、高级职称医务人员到乡镇坐诊，开展“传帮带”工作，组织业务培训 60 余次、5 000 余人次，实现人、物、技术的综合下沉。

二、突破分级诊疗瓶颈，打通“服务梗阻”，推动医疗标准上下“一张网”

（一）统一诊疗标准

建立统一的诊疗标准、用药目录、质控体系和县、乡、村三级转诊体系，优先整合县域妇、产、儿科相关医疗资源，组建青神县妇幼保健中心，统筹合理调配两院区人、财、物。打破慢性病用药医院等级限制，在乡镇卫生院和村卫生室设置慢性病药物专柜，拓宽取药途径，并为行动不便和偏远地区的患者提供送药上门服务，共建立村级药品保障服务点 38 家。制定乡镇卫生院常见病临床路径并实施，实行县域内检查检验共享互认和县乡村全覆盖培训，实现同质化连续性诊疗服务。2024 年，县级医院共下转患者 3 689 人次，医共体内门急诊人次较改革前增长 96.17%，其中乡镇门急诊人次占比 38%；住院人次较改革前增长 53.39%，其中乡镇住院人次占比 21%。

（二）实施远程服务

以信息化为支撑，建立医学影像、心电诊断、B 超、医学检验等远程诊疗中心，与四川大学华西医院、四川省人民医院开展远程诊疗；医共体内开展“镇检测、县诊断、镇治疗”诊疗服务，让患者享受乡镇收费标准、县级诊疗服务，引导首诊在基层。2024 年，远程诊疗 95 927 人次。

（三）共享省市技术

积极推进县级医疗机构与省市三级医院建立医疗协作，聘请四川大学华西医院 5 位知名专家为客座教授，定期来坐诊、教学指导。与四川大学华西医院等 5 家省、市三甲医院建立专科联盟 10 个，牵头医院建成“临床服务”五大中心和“急诊急救”五大中心，分层就医体系进一步完善。2024 年县域外转人次较改革前下降 70.7%。

三、突破重治轻防现状，打通“健康梗阻”，推动医防融合闭环“一条链”

（一）创新慢性病管理

以“两病”为突破口，组建 10 支“2＋3”（2 个专科医生、3 个专科护士）县级专家服务团队和 72 支家庭医生签约团队，创新实施以乡镇医生签约服务为主、县级专科医生指导为辅的“三色三级”慢性病管理模式，探索实施基本公共卫生慢性病资金和医保个性化签约基金共同打包给医共体统筹管理和使用，实现医防融合的“防、治、管、康”慢性病管理。2024 年，高血压、糖尿病签约管理率分别为 96.35%、96.70%；控制率分别为 96.76%、78.46%；签约患者满意度为 98.49%；以“两病”为主诊断的住院率同期下降 56.98%；个性化签约的慢性病管理“青神模式”2024 年在全市推广。

（二）优化医保支付方式

加强医疗、医保、医药“三医”联动，在全市范围内率先实施“一个总额、超支不补、结余留用”的医保支付方式改革，突破管理层级、制度要素、总额范围、协议签订、医保服务前移，将县域医保基金总额打包给医共体统筹使用，提高医保资金使用效率，切实发挥医保基金对医疗服务供需双方的引导和对医疗费用的制约作用。医共体内设立“医保 + 医院”一体化服务站，将医保相关审批关口前移至各医疗机构，全县行政村医保报销全覆盖，让人民群众在家门口享受更加便捷的医疗和医保服务。2024 年，医共体内住院次均费用较改革前下降 25.29%，住院补偿比较改革前增长 3.88%；透析患者的次均费用由原来的 850 元下降到 650 元，降幅为 23.53%。

优化资源布局　创新体系机制
推动紧密型县域医共体高质量建设

贵州省遵义市习水县卫生健康局

近年来，习水县以全面推进紧密型县域医共体建设为契机，因地制宜、大胆探索，围绕优化资源布局和创新体系机制改革进行重点突破，全面推进紧密型县域医共体建设，探索建立适合山区乡村特点的公平可及、系统连续的医疗卫生服务体系，切实解决群众“看病难、看病贵、看病远”的问题。

一、主要做法

（一）凝聚合力，因地制宜，优化医疗资源布局

自 2019 年入选国家紧密型县域医共体建设试点县后，采用“总院 + 分院”的模式，由县人民医院和县中医医院分别与 13 家乡镇卫生院各组建 1 个医共体，但针对总院面临“小马拉大车”、分院面临“承接乏力”等现实问题，经过反复调研，以问题为导向，从最初的“总院 + 分院”模式，调整为“县级龙头带中心、中心辐射带动一般，突出中心、梯次发展”的“2 + 5 + N”的医共体建设模式，即由 2 家县级公立医院分别牵头组建 2 个医共体，分片区选取 5 个中心乡镇卫生院按照二级医疗机构服务能力标准建设为县域医疗卫生次中心，辐射带动区域内其他一般乡镇卫生院、延伸服务点及村卫生室共同发展，构建起“县级公立医院 + 重点中心卫生院 + 一般乡镇卫生院 + 延伸服务点 + 村卫生室”的县域五

级医疗卫生服务网络。

（二）明晰定位，精准赋能，提升医疗服务能力

围绕“县级强、乡级活、村级稳、上下联、信息通”的目标，明确县乡村医疗卫生机构不同的发展定位，推动医疗机构之间差异化发展和服务能力整体提升。**一是立足“县级强”**。县级龙头医院重点围绕等级医院创建、“千县工程”实施、急诊急救能力提升和重点专科建设，增强龙头医院带动能力。**二是紧扣“乡级活”**。重点中心卫生院以建成二级医疗机构服务能力为标准，持续加强内涵建设，充分发挥中心卫生院承上启下和辐射带动作用。一般乡镇卫生院以“优质服务基层行”为载体，采取“基本医疗＋基本公共卫生＋特色专科＋健康管理”的发展模式，推动卫生院之间差异化协同发展，奠定分级诊疗基础。延伸服务点按照一般乡镇卫生院标准设立临床和辅助科室，由龙头医院或乡镇卫生院派驻专业技术人员下沉开展诊疗服务，实行一体化管理，满足群众就近就医需求。**三是围绕“村级稳”**。建立村卫生室运行管理“五项制度”，有效解决村医待遇保障问题。对村卫生室实施“示范、标准、合格”分类管理，全县所有村卫生室达到“四化管理”目标，夯实村级服务网底。**四是聚焦“上下联”**。为推动优质医疗资源扩容下沉，制定“五下沉”机制，快速提升乡村医疗卫生服务水平。龙头医院根据成员单位需求，合理投入资金更新医疗设备，为其提升辅助诊断能力。同时，通过质控和管理小组下沉，规范成员单位医疗和管理质量。**五是着眼“信息通”**。打通医疗、医技与公共卫生系统之间的信息壁垒，织就医共体数据“一张网”，实现县乡村三级医疗机构信息数据互联互通，公共卫生与诊疗数据共享互用。将全县心电、影像、检验远程诊断系统接入县远程诊断中心，实现“基层检查、县级诊断”，并建立远程医疗服务费用利益分配机制，按照邀请方和受邀方 8∶2 的比例进行分配，保障远程会诊各方待遇，促进远程诊疗可持续运行。26 个乡级医疗卫生机构均建立健康管理中心，并与县级龙头医院健康管理服务中心一体化运行，为居民搭建起“健康宣教、免费体检、慢性病筛查、疾病诊断、数据收集”为一体的健康管理服务平台。开发“卫生云”APP，实现家庭医生随访数据即时

上传和开展健康教育个体化服务。建立“习水公卫”微信公众号，方便居民查阅家庭成员健康档案、个体化服务信息和县域内诊疗记录。

（三）健全机制，夯实保障，确保医共体良性运行

一是健全组织保障体系。党政主导。成立以党委、政府主要领导任双组长的深化医药卫生体制改革领导小组，高位推动医药卫生体制改革工作；成立以政府主要领导任组长，分管领导任副组长的紧密型县域医共体建设领导小组，定期研究部署医共体建设重大事项。**部门主责。**组建以卫健、医保、编办、发改、财政、人社、市监等部门为成员的紧密型县域医共体管理委员会和联席会议制度。卫健部门组织成立医共体建设领导小组，统筹管理两个医共体。**医院主抓。**成立医共体理事会，制定医共体章程，明确龙头医院与成员单位的责任、权益、义务和分工，建立医共体内权责及利益共享机制，并由龙头医院牵头成立“行政、人事、财务（绩效）、业务、药械、公卫、医保、信息”这八大医共体管理中心，对成员单位实行“八统一”管理。**二是建立财政投入保障机制。**自医共体建设以来，财政累计投入资金约 15 亿元，用于县乡村医疗卫生基础设施建设和设备购置。**三是创新人才队伍保障机制。创新人员编制管理。**按照“总额控制、动态调整、统筹使用”的原则，动态调整人员编制总量。县乡村医疗机构分别实行“编制 + 人员控制数”“编制周转池”“编制 + 员额制”管理。**完善薪酬分配制度。**公立医院落实“两个允许”政策，龙头医院书记、院长年薪由财政保障。基层医疗卫生机构和专业公共卫生机构实行“公益一类保障、公益二类管理”。建立医共体内人员流动绩效激励机制，实行上挂同岗同酬、下派增资增酬、巡诊按劳取酬。建立乡村医生待遇保障和考取执业（助理）医师激励机制。**优化职称评聘方式。**职称评聘向基层倾斜，乡镇卫生院聘任高级职称不受岗位比例限制，即评即聘。对因受学历、专业等影响不能考取职称的人员，及时调整岗位属性，按照事业编制管理岗位晋级，在提高相关人员待遇的同时又增加专业技术岗位；职称评聘向网底倾斜，将乡村一体化管理的村卫生室执业（助理）医师纳入乡镇卫生院（社区卫生服务中心）职称评聘。**拓展人才引育渠道。**坚持“外引内育”相结合，制

定医疗系统人才引育配套政策，并建立 7 个“医疗专家驿站”和 2 个“医学博士工作站”，多渠道引进医疗人才。发挥县级医疗机构人才基地作用，推行“师带徒”、名医工作室带学带教、外送进修规培等措施，自主培育一批紧缺实用型人才。**四是深化三医协同改革**。探索实施医保总额付费与 DIP 支付方式改革，推行居民医保和职工医保“双打包”。建立“总额付费、结余留用、超支合理分担”机制，明确结余留用 60% 用于绩效分配（其中：10% 用于乡村医生）、40% 用于医院良性发展（其中：40% 以上用于医防融合）。采取“五步四抓三统一”工作措施推动改革，实现医疗机构诊疗行为逐步回归“三合理”，参保患者次均费用同比下降 16%，个人次均自付费用同比下降 12%，试点首年便实现医保基金结余约 3 500 万元。推动医保定点管理扩面，行政村卫生室 100% 纳入医保定点管理。推动医防融合改革，从城乡居民医保基金中按每人每年 3 元用于家庭医生签约服务。

二、取得成效

（一）分级诊疗格局基本形成

县域内就诊率从 2020 年的 90% 提升至 2024 年的 92%，基层医疗卫生机构就诊率从 2020 年的 51% 提升至 2024 年的 62%，基层医疗卫生机构医保基金支出占比从 2023 年的 28% 提升至 2024 年的 36.8%。实现医保资金及外出就医人员“双回流”，县乡医疗机构诊疗人数和群众满意度“双提升”。

（二）医疗服务能力快速提升

县级公立医院出院患者三四级手术占比从 2020 年的 51.4% 提升至 2024 年的 69.1%，基层医疗卫生机构开展新技术新项目从 2020 年的 28 项提升至 2024 年的 45 项。医疗卫生服务能力大幅提升，实现从“县级强”到“县域强”的转变。

（三）建设成效得到上级认可

医共体建设做法被 CCTV、CGTN 等媒体宣传推介，《健康报》《中国卫生》《学习时报》《振兴路上》等刊发推介，习水受邀参加国家新闻发布会分享经验，7 条经验入选国家基层卫生健康综合试验区首批典型经验，工作成效获贵州省人民政府真抓实干激励通报奖励。

（四）群众满意度进一步提高

通过紧密型县域医共体建设，让群众在家门口就能享受更加公平可及、更高质量、更为便捷的医疗卫生服务，有效缓解了群众“看病难、看病贵、看病远”的问题，群众获得感、满意度进一步增强。

创新医共体模式　护航百姓健康

贵州省铜仁市思南县卫生健康局

近年来，思南县委、县政府高度重视深化医药卫生体制改革工作，积极落实“以基层为重点，以改革创新为动力”的新时代党的卫生与健康工作方针，紧紧围绕紧密型县域医共体建设关键任务，持续探索创新医共体建设模式，优化医疗资源布局，县域医疗卫生服务能力大幅提升，群众就医获得感与满意度显著提升。

一、主要做法

（一）创新医共体模式，构建县域医疗卫生服务体系

一是架构创新，搭建医共体全新模式。根据地域环境，以乌江河为界，打造“2+6+14+N”的医共体架构，由 2 家县级三级公立医院牵头组建两个县域医共体，6 个医共体次中心（其中 3 个重点中心乡镇卫生院）和 14 家一般乡镇卫生院为成员，N 个乡镇卫生院延伸服务点和村卫生室为补充，形成龙头带动中心医共体，医共体次中心辐射带动周边乡镇卫生院，构建起“社区 15 分钟，乡村 30 分钟”健康服务圈。**二是错位发展，提升龙头医院实力。**在县级医院等级建设上高位谋划，县人民医院创建成为三级甲等综合医院，打造铜仁市西部区域医疗中心，获授国家标准化代谢性疾病管理中心（MMC），医学检验通过 ISO15189 质量认定。在“2+5”领域取得突破，即：提升急救、重症救治水平；县域内居民死因监测排名前五的疾病防治方面实现重点突破。县民族中医

院成功建成三级中医医院，其康复科是铜仁市首家“脑瘫、孤独症、智力障碍”康复训练基地，部分中医特色技术处于县级领先，带动全县中医药事业发展，在“2+2”方面取得新突破，即：凸显中医特色和急诊能力，在康复和治未病上实现突破。**三是融合发展，释放医共体次中心活力。**组建6个医共体次中心（其中3个重点中心乡镇卫生院），实施1个医共体次中心与1～3个乡镇卫生院深度融合，实行多个牌子，一套人马，保持原机构性质不变，人财物统一调配使用。3家重点中心乡镇卫生院，辐射带动周边10余个乡镇卫生院，切实提高周边乡镇群众就医急诊急救率，形成半小时急救圈，服务能力整体提升。**四是转诊革新，完善分级诊疗体系。**出台《思南县县域医共体内双向转诊实施方案》等政策措施，采取县乡村三级双向联动考核机制；实现“基层首诊、双向转诊、急慢分治、上下联动”的分级诊疗就医格局。

（二）优化医疗资源配置，织密基层就医服务网络

一是优质医疗下沉，实施“良医”服务。牵头医院选派临床业务骨干到医共体次中心担任副院长（副主任），长期驻点参与行政、财务和业务管理；牵头医院针对性选派200多名临床专家到乡镇卫生院开展坐诊、临床带教等帮扶服务，把优质医疗资源充分下沉，让百姓在家门口就能享受“良医”服务。**二是优化医疗布局，实施“便医”服务。**综合考虑村级服务现状，积极实施大学生村医专项计划，逐步将村医纳入编制管理。针对群众就医不便且人口相对集中的偏远地区，设置12个乡镇卫生院延伸服务点，由县乡医疗机构派驻专业人员坐诊服务；对服务能力弱化的村设置片区卫生服务站，统筹村级资源，让群众就医更便捷。**三是信息化赋能，实施“廉医”服务。**搭建医共体信息化平台，完成区域远程影像、远程心电系统、居民健康档管理系统及“健康思南助手”小程序、检查检验共享互认系统的建设。推行信息共享互认，医共体内门急诊、住院信息能够相互调阅，检查检验结果能够共享互认。实施“一号管三天”便民服务措施，提升群众就诊廉医体验感。

（三）创新工作举措，赋能医共体一体化发展

一是特色引领。县级两家牵头医院分别设立行政、人力资源、业务等“七个管理中心”，建成省市级重点专科16个，建立博士工作站6个；与湖南省中信湘雅生殖与遗传专科医院等建立专科联盟44个，能够开展腹腔镜下肝叶切除术等限制类技术30项，开展新技术70余项，三四级手术占比达41.4%。各乡镇卫生院按照“1个标准中医馆+1个全科+N个诊疗特色”模式，打造“一院一品、一院一特”，建成乡级特色科室28个，开展新技术、新项目80余个。**二是薪酬改革激活力。**深入贯彻“两个允许”的具体要求，县级公立医疗机构主要负责人实行年薪制，合理区分临床一线医务人员与行政后勤人员的绩效分配；探索基层医疗卫生机构年度薪酬总量管理，逐步缩减县乡医务人员薪酬差距；薪酬绩效重点向一线倾斜。实施乡聘村用，乡村一体化管理模式，全面落实村医各项政策补助，为在职村医统一缴纳养老保险，为退出村医解决退养生活补助，激发了广大医务人员的积极性和创造性。**三是创新医防协同。**思南县获“全国传染病医防融合医防协同试点”单位，成功创建“省级慢性病综合防控示范区”与“省级卫生健康县”。县乡医疗卫生机构整合公共卫生和临床医疗资源，组建健康管理中心；医共体牵头单位与疾控中心建立慢性病医防融合交叉培训制度，完善技术指导体系。以家庭医生签约为依托，深度融合“医”与“防”，改善“重治轻防”局面，老年人、儿童、孕产妇等重点人群管理成效显著；居民健康素养水平达39.4%，高血压、糖尿病等慢性病管理率与控制率达70%以上。

二、工作成效

（一）分级诊疗服务体系建设初显成效

一是县级领航，医院能力升级。县人民医院成功创建为三级甲等综合医院，县民族中医院正在创建三级甲等中医医院。**二是**基层兜底，服务网络全覆盖。全县28家乡镇卫生院（社区卫生服务中心）全部达

到国家“优质服务基层行”活动能力建设基本标准，30% 以上乡镇卫生院达到推荐标准，创建社区医院 6 个，省级示范中医馆 8 个，优质中医馆 2 个。所有（502 个）村卫生室均达到服务能力标准，并纳入医保定点机构，能有效开展基本医疗服务和公共卫生服务，基层医疗卫生服务网底得到充分保障，县域内就诊率、基层医疗卫生机构门急诊人次占比超过国家平均水平。2024 年，入选国家卫生健康委基层卫生综合改革典型案例。

（二）薪酬制度改革成效凸显

一是按照“两个允许”要求，率先落实县级公立医院党委书记、院长、总会计师年薪制；部分乡镇卫生院实行主要负责人年薪制，所有医疗机构优化内部绩效分配政策；一线医务人员平均年收入提升 10.5%。**二是**破解了“大处方”“套餐式检查”等久治不愈的难题。**三是**全县医疗卫生专业技术人员 4 445 人，其中高级职称 375 人，中级职称 839 人；近年来引进研究生学历 69 人，筑巢引才显效。

（三）群众看病就医获得感显著增强

设置乡镇卫生院延伸服务点 12 个，惠及 48 个村 10 万余名群众；建设医共体信息化管理平台，实现检查检验结果共享互认项目 570 项、互认 1.5 万余项次，为群众节省就医费用近 80 万元；创新《居民电子健康档案共享与开放系统》，实现健康档案数字化，居民通过“健康思南助手”小程序，可自主查看检验检查结果等健康信息，入选 2024 年铜仁市十佳大数据应用场景评选“创新案例”。推行便民惠民“一号通”服务，避免重复挂号 14 979 人次，极大提升了群众就医体验感、获得感。

下好医共体建设“五步棋”绘就基层卫生新画卷

新疆维吾尔自治区和田地区洛浦县卫生健康委

新疆维吾尔自治区和田地区洛浦县始终坚持以人民健康为中心，以基层为重点，以体制机制改革为驱动，以医共体建设为抓手，统筹下好“五步棋”，促进医共体建设提质增效，全面提升基层医疗卫生服务能力。

一、主要做法

（一）坚持立梁架柱＋统筹全局，下好谋篇布局保障棋

一是组织体系一把手主抓。洛浦县委、县政府将医共体改革纳入县委常委会重要议程，县委书记、县长任医共体管理委员会双主任，明确一位政府负责同志分管“三医”工作，定期联席会议，形成月监测、月分析、月会商、月评估的长效联动机制，及时协调推进各项重点任务。**二是政策保障一揽子统筹。**县委、县政府多方筹措资金 7.48 亿元，对洛浦县维吾尔医医院、妇幼保健院、7 个乡镇卫生院改造升级，为洛浦县人民医院划拨用地 80 亩。新增财政预算 177 万元，解决乡村医生养老保险问题，医疗条件实现大幅度提升。**三是医疗体系一条线贯穿。**整合构建“1＋10＋243”医共体架构，成立 1 个医共体总医院统筹实施医共体总体发展规划，设立 9 大管理中心和 8 大共享中心，有序推进洛浦县维吾尔医医院、疾控中心、妇幼保健院融入医共体，实现医共体内一盘棋运作与发展。

（二）坚持刀刃向内 + 创新破题，下好改革提效组合棋

一是打通医保改革梗阻点。在和田地区率先开展医保基金打包付费改革试点，将筹资总额的 90% 按人头打包给医共体，倒逼医院提质增效。地区医保局拨付洛浦县 2021 年、2022 年医保结余资金 2 261.9 万元，按县乡村 5∶4∶1 比例分配，全部用于提高人员绩效薪酬和促进业务发展。2024 年医保基金支出较 2023 年同期下降 7 201.79 万元，同期下降 16.08%。**二是培育医疗改革增长点。**每年分别提取牵头医院、10 家乡镇卫生院 1% 的医疗收入，建好互助基金池，已统筹使用资金 260 余万元，用于偏远乡村人员绩效薪酬发放和能力提升。辖区 9 家乡镇卫生院全面落实“一类保障、二类管理”，乡镇分院年人均绩效工资 1.2 万元，充分调动了基层卫生工作人员的积极性。统筹医共体内医疗设备建立“设备库”，最大限度发挥设备设施使用效益，累计调配闲置医疗设备 105 件。**三是激活医药改革潜力点。**全面落实国家、自治区集采药品 499 个品种、医用耗材 98 个品种，各批次药品耗材集采平均降价 50%，累计节约药品费用支出 2 168 万元。医共体牵头医院统一制定药品耗材采购目录，实行二次议价、联合采购、统一配送，有效降低 30% 药品耗材费用。

（三）坚持上联下共 + 分级分层，下好内涵提标提升棋

一是做强县级火车头。对标“千县工程”能力标准，新疆维吾尔自治区人民医院全面托管医共体牵头医院，整合乌鲁木齐、石河子及北京等疆内外优质医疗资源，对上建立 60 个专科联盟，帮扶新建 3 个地区级重点专科，设立 3 个博士工作站，指导开展 168 项各种新技术新项目，填补 6 项医疗技术空白，建成国家基层版胸痛中心。**二是激活乡级发动机。**对标“优质服务基层行”能力标准，乡镇分院推荐标准达标率稳步提升，杭桂镇分院建成社区医院，重点打造恰尔巴格镇分院医疗次中心，投入 320 万元进行提质升级改造，配备 CT、全自动生化仪等设备，采取科包院、名医坐诊等形式，新增乡镇分院口腔、眼科、急诊特色专科，2024 年乡镇分院住院量 11 598 人次，一二级手术量 1 334 台。

三是筑牢村级硬底盘。对标村级能力标准，遴选 5 个乡镇分院延伸点建设中心村卫生室，全面配备心电图机、生化仪等设备，采取全科医师驻点帮扶等形式，243 家村卫生室服务能力标准达 100%。乡村医生人均工资提高至 4 100 元 / 月，乡村医生取得执业医师资格证一次性奖励 10 000 元、执业助理医师资格一次性奖励 5 000 元，实行同工同酬。

（四）坚持要素下沉 + 共享共建，下好固本提能关键棋

一是激发人才下沉内生源动力。依托科包院驻点医师技术力量，选派内分泌、神经内科等 1～2 名主治医师组成 2～4 人医疗团队，每周坐诊 1～2 天。2024 年下派专家 636 人次，培训 418 场次，直接服务患者 3 655 人次。**二是推行检查同质化互认连心桥。**全面实现县域内远程影像、心电、医学检验、会诊、消毒供应等共享服务，畅通了区地县乡远程衔接，远程心电覆盖村卫生室 47 家。制定检查检验互认的项目，并在报告单上统一标注相应互认区域范围和互认标识，2024 年开展远程心电 17.18 万例、远程影像 21.04 万例，检验结果互认 38.22 万次，节约费用 1 165.12 万元。**三是完善县域急救指挥直通车。**以医共体牵头医院为区域核心，分片设置 10 个乡镇分院急救站点，打造县城 5 分钟、乡镇 15 分钟急救圈，建设 7 家乡镇分院胸痛救治单元，提高胸痛等急危患者的救治成功率。

（五）坚持融合优化 + 分工协作，下好民生提档全盘棋

一是健全医防融合慢性病防治规范化。以高血压、糖尿病等慢性病管理为突破口，构建了“县健康管理中心 + 乡健康管理站 + 村健康驿站”三级协同管理体系，重点打造慢性病健康管理团队、家庭医生签约服务团队“两个团队”，全面推行慢性病管控“七步法”。2024 年管理人群血压控制率、血糖控制率分别为 81.3%、78.15%。**二是发挥中医治未病优势高效化。**投入资金 1 200 万元完成维吾尔医制剂室设施建设，完成 11 种院内制剂备案并纳入医保目录。实现医共体牵头医院、县维吾尔医医院院内制剂畅通。2024 年乡镇分院中医药服务 21.62 万人次，同比增加 1.24%，9 所乡镇分院中医馆被评为“旗舰中医馆”。**三是智慧**

医疗服务网格化。以“1+N 平台”为中心，实现县域内医疗、公共卫生系统数据的互联互通，患者所有就诊信息和健康管理信息在县、乡、村三级医院实现共享。利用人工智能系统，通过智能语音、人工电话等方式对慢性病管理对象进行点对点跟踪、管理和干预。投放村级慢性病患者远程血压及血糖设施 1 700 台，对慢性病患者进行监测，结果实时上传，实施慢性病患者全程全周期的健康管理。

二、取得成效

（一）县外就诊回流、县内基层首诊幅度明显好转

2024 年，县域内住院人次占比 76.5%，基层医疗卫生机构就诊率达 78.5%，较 2023 年分别增长 0.4 个和 5.4 个百分点。

（二）县级、基层医疗机构服务能力明显增强

2024 年牵头医院三四级手术占比 39.7%，较去年同期增加 5.3%，CMI 值 0.871 5，全疆排名从 2023 年度第 50 名提升至 2024 年的第 14 名；医疗服务性收入占比 35.6%，较去年同期增长 5.4 个百分点。

（三）居民健康满意度明显提高

通过专家下沉、特色科室建设、信息化建设，新技术、新项目在基层医疗卫生机构推广使用，预约诊疗、远程诊疗、检查检验结果互认等一系列便民惠民措施，改善了患者就医体验，居民健康指标不断优化。群众健康素养水平提高至 25%，居民重点慢性病核心知识知晓率提升至 75%。

第五部分

加强信息化建设，推进基层首诊与双向转诊

以人民健康为中心
全力推动紧密型县域医共体建设

河北省张家口市张北县卫生健康局

近年来，张北县坚持以人民健康为中心，严格落实省、市医药卫生体制改革要求，聚焦“县级强、乡级活、上下联”战略目标，以提升基层医疗服务能力为核心，满足群众实际需求为导向，全力推动紧密型县域医共体建设，通过实施“院前急救体系建设、互联网 + 健康互联互通、优质医疗资源整合”三项核心工作，让群众就近就便享有高品质卫生健康服务。

一、打造院前急救体系，缓群众之所“急”

（一）统一高效管理机制，让急救再提速

2023 年张北县率先打造全县域院前急救服务体系，将全县各医疗机构的 29 辆救护车全部纳入 120 急救管理，形成了以县医院为中心、各卫生院为基点的“1 站、20 点，覆盖全县域”的院前急救网络，根据患者报救点位就近调度救护车。同时出台了《张北县医共体院前急救体系建设工作实施方案》《基层医疗卫生机构绩效考核及奖励性工资分配实施方案》等机制，从急救部署、各机构衔接、收入分配等方面制定明确要求，特别是要求 10 秒钟接听电话、3 分钟完成出车、急救中心医务人员绩效提升 10% 等细节明确指标，提高了出诊效率，为急诊急救工作有效推进奠定基础。

（二）搭建全域覆盖体系，让救治再提质

建立急救中心与各急救站点，急救中心与总医院各学科点对点、人头对人头的包联协同机制，将责任、管理、服务、利益落实到点位，压实到人头，按照“一岗双联通”的方式，急救中心每个在岗人员均能与 20 个急救站点和总医院 21 个重点学科保持联络畅通，确保救治及时；同时明确收费分配机制，优化调度流程，让急救体系稳步运行。2024 年，全县 120 共计调度 3 234 次，其中基层共计派出急救 883 次，占总急救量的 27.3%。县域院前急救网络建设，不仅大大缩短了救护车出诊时间，更有效提升了患者救治效率。

（三）统一装备优化流程，让服务再提升

将全县 29 辆院前救护车统一涂装，标识均为“张北县急救中心”。统一配备院前急救随车装备，满足救治现场心肺复苏、呼吸支持、创伤救治等患者急救需求，并为几个居住人口较多、出诊量较大的急救站点配置车载除颤仪。出诊人员统一配发多功能急救马甲、出诊记录仪及定位呼叫手环，出诊过程全程记录，并随时连线急救中心报告患者情况，极大缩短了急救时间。同时，2024 年投入 261 万元为急救中心及各站点购买了 26 台第三代心电图机、23 台便携式彩超，投入 1 728 万元为中医院配置 128 排 CT，纳入医共体影像中心统一管理，诊断服务能力在全市领先。

二、搭建信息共享平台，建群众之所“享”

（一）与公共卫生信息系统联通，深化医防融合

张北县作为张家口市唯一的县域医共体慢性病管理能力提升省级试点县，通过紧密型县域医共体为纽带，以高血压、糖尿病为切入点，促进医防融合。搭建共享信息平台，投资 42 万元引进国内先进的慢性病管理软件，将总医院内 EMR、HIS、LIS、PACS 数据，慢性病医保数

据、胸痛卒中中心数据，实现与居民健康档案公共卫生系统数据进行对接整合，与基层卫生一体化服务平台、随访服务网等有效联通，形成慢性病“防、筛、治、转、管”全程闭环。

（二）与学科联通，做实共享中心

先后建成区域远程会诊中心、区域影像中心、区域检查检验中心、区域心电中心、院前急救等网络平台，实现区域医疗资源共享和检查结果互认。截至 2024 年 12 月底，远程会诊中心与基层医疗卫生机构远程会诊次数 188 次，远程影像中心、远程心电中心分别为基层医疗卫生机构出具报告 2 866 例、4 239 例。通过远程影像中心，仅 DR 胸片为基层患者节省费用 4.9 万元；通过远程心电中心为基层患者节省费用 10 万余元，大大减少患者费用支出，实现了“让信息多跑路、群众少跑腿”的目标。

（三）与服务联通，方便群众就医

张北县通过“健康张北”助推就医全新方式，居民通过手机 APP 就可以登录“健康张北”，使用医院导航、智能导诊、预约挂号、在线缴费、报告查询、家庭医生签约、慢性病管理、用药指导、在线问诊等便民医疗服务。自项目上线运行以来，数据中心已汇聚数据 10 639.1 万条，所有数据均能实时上传，患者诊疗信息全部有效利用，县域医疗服务水平明显提高，在提升群众满意度的同时有效提高了医护人员工作效率。

三、完善资源下沉机制，解群众之所“盼”

（一）构建下沉体系，优化医疗资源配置

医共体总医院制定了《张北县医共体关于促进优质医疗资源下沉工作实施方案》，进一步明确下沉帮扶人员的职、责、权，根据各乡镇卫生院发展方向、薄弱环节、人才需求等情况，总医院按需派出 19 名医师在基层分院常年服务，建立带教坐诊工作机制，让“资源真正沉到底”。

中医院结合实际对设有国医堂的基层医疗卫生机构，优先派驻中医师或中西医结合医师 18 名，通过下派专家团队到基层医疗卫生机构坐诊、临床带教、培训等，积极推广应用中医药适宜技术，提升基层中医药服务能力。实施半年以来，累计服务患者 27 053 人次，帮助基层开展新技术、新项目 273 项，逐步实现“医务人员动了起来，医疗水平高了起来，基层就诊多了起来，群众满意提了起来”的建设目标。

（二）健全考核机制，有效促进资源下沉

进一步明确派驻医生下沉责任，在发挥县级龙头作用的同时，开展新技术、新项目，通过职称评定、绩效考核等方式，完善对派出医生和所驻乡镇卫生院的双向考核办法。同时将县级医院医生派驻乡镇卫生院工作情况同绩效发放、交通补助、职称评定、评优晋级等相挂钩，较好地解决了派驻到基层的医生“下得去、沉得住”的问题。

（三）畅通双向转诊，引导患者基层就诊

建立医共体县、乡、村三级疾病诊疗目录，优化医共体内部上下转诊流程，在医共体牵头医院设立双向转诊中心，建立双向转诊工作专班，向各乡镇卫生院、村卫生室医务人员公布 24 小时服务电话，并组建工作联络群，建立双向转诊绿色通道，指定专人负责对接患者门诊和检查检验、住院床位预约事宜，为转诊患者优先提供就诊检查、安排住院等全流程服务。目前已累计转诊患者 1 278 余人，初步形成“基层首诊、双向转诊、急慢分治、上下联动”的就医格局。

“两重塑四突出一提升”
全力推进准格尔旗紧密型县域医共体建设

内蒙古自治区鄂尔多斯市准格尔旗卫生健康委

近年来，准格尔旗坚持以人民健康为中心的发展理念，结合实际，按照“两重塑四突出一提升”的推进措施，统筹推进管理、责任、服务、利益四个共同体建设，加快形成“基层首诊、急慢分治、上下联动、双向转诊”的就医新格局，努力提高县域就诊率，让群众就近方便享有更加公平可及、连续协同的预防、治疗、康复等健康服务，紧密型县域医共体建设在为民健康服务的道路上迈出“新步伐”。

一、重塑管理体制，完善服务体系

（一）建立完善领导体制和推进机制

印发《准格尔旗全面推进紧密型县域医共体建设实施方案》，在外部治理上成立由政府副旗长任组长，卫健、医保、财政、市场监管、人社、编办等部门和各苏木乡镇主要负责人为成员的医共体建设推进小组，最大限度地争取外部政策和资源，推进改革举措落地落实。在内部治理上，借鉴东台模式，遵循“三个不变”的原则和有利于最大限度调动和稳定基层医务人员工作积极性的管理经验，充分结合实际组建了中心、中医蒙医、人民、大路为牵头医院的 4 个紧密型县域医共体，分别成立了由旗卫生健康委分管领导任党工委书记兼主任，牵头医院院长任副书记兼副主任，副院长、成员单位负责人和卫生健康委相关业务股室负责人为成员的 4 个紧密型县域医共体工作委员会，统筹管理医共体内部运营、行政、药品及信息等工作，定期研究解决医共体内部事宜。

（二）加强医共体组织管理

印发行政、人事管理实施意见，医共体基层医疗单位的院长、副院长和牵头医院的环节干部统一由紧密型县域医共体工作委员会任免，医共体内 10% 的人员可自由调配使用；出台财务统一预决算和资产使用、报废、处置、调拨管理制度，根据工作需求对资产进行合理调拨；各牵头医院医共体管理委员会制定推行统一标准的运营管理制度和职责规范；分别出台各自的《准格尔旗紧密型县域医共体章程》等配套文件，细化明确改革目标、路径和要求、压实责任，为高质量推进紧密型县域医共体建设提供基本遵循、技术支撑和政策保障。

（三）重塑服务体系

将原来的旗、乡、村三级医疗卫生服务体系整合成功能互补、连续协同、优质高效的整合型医疗卫生服务体系，主动、靠前、延时服务，分片划段全面承担起责任片区内健康服务职责。各牵头医院和基层卫生院构建起新型的协同服务关系。

二、突出“人员、技术、服务、管理”四下沉

（一）人员定期下沉

医共体牵头医院副高级职称以上专家每周定期下沉基层坐诊、开展教学查房及手术指导，全年不少于 45 天。同时下沉中级以上职称的常驻人员到成员单位开展原则上不少于为期半年的坐诊、教学、业务指导、管理帮扶等工作。截至 2024 年年底，累计下派专家坐诊 993 人次、诊疗患者 7 485 人次、授课 143 次、教学查房 368 次、手术 9 次。

（二）技术量化帮扶

基层成员单位根据辖区内居民疾病谱与健康服务需求，有针对性地提出每年不少于 3 项的新技术学习计划，各牵头医院“传帮带”到位，帮助其积极拓展新业务，满足大部分留守老年人就近就便的健康服务需求。特别注重中医药适宜技术的推广应用，让基层医疗卫生机构充满中医服务的“烟火气”，让中医药文化、诊疗服务更好地飞入寻常百姓家。

（三）管理制度同质化输出

各牵头医院将医疗质量控制及业务管理等制度同质化输出到各基层成员单位，用高标准的制度来规范提升各基层成员单位的业务发展及运营管理能力，辅以下沉人员的培训指导，让其内化于心、外化于行。统筹推进每月定期的医务、药事、护理、院感等现场质控和会议质控制度，切实提升了各成员单位的业务管理规范化水平。

（四）构建主动靠前延时服务共同体

在人员、技术、管理下沉的基础上，组建由旗、乡、村三级专业技术人员组成的家庭医生签约服务团队，主动、定期到各个行政村人群集聚的地方开展义诊、健康科普、上门服务等。全旗现有家庭医生签约团队 146 个 388 人，常年巡回服务各辖区内老百姓，各基层医疗卫生机构均推出延长一小时下班的服务举措。

三、突出信息化健康服务通道的支撑作用

把构建优质高效、协同服务的信息化健康服务通道作为推进医共体建设的先手棋、重点仗来抓。近两年来先后搭建和打通 10 多条健康服务信息化通道，实现区域资源共享，助推能力提升，降低百姓就医负担。

一是在医共体牵头医院建立开放共享的医学影像远程会诊（DR、CT、核磁）、医学 B 超远程可视化会诊、远程心电会诊、医学检验、病理

诊断这五大“资源共享中心”，形成“基层检查、基层收费、上级诊断”的就医格局；而且影像、心电、检验、病理同质化管理、诊断报告区域互认。

二是为各基层医疗卫生机构 HIS 搭建了统一智能审方系统，建设旗中心医院、中医蒙医医院两个审方中心，为进一步规范其合理用药提供技术服务支撑。

三是为各基层医疗卫生机构 HIS 搭建远程医疗协同门诊系统，打通同质化医疗通道，打破医共体界限，患者在任意一家基层成员单位就诊，都可以与旗内四大公立医院当天出诊的专家会诊，也可挂各公立医院当天出诊的专家号（尤其是复诊患者），让患者在家门口通过线上服务享受旗内四家公立医院的专家服务。

四是各基层医疗卫生机构均与各牵头医院开通“共享药柜”，让牵头医院的 HIS、药品出入库系统、报销系统同步前移到各基层医疗卫生机构，极大地解决了基层患者购药就医难题。

五是在各基层医疗卫生机构搭建智慧体检系统，并与全民健康信息平台相通，及时获取居民健康体检与医疗就诊信息，及时更新电子健康档案，进一步夯实了基本公共卫生管理基础。

六是在各公立医疗机构搭建鄂尔多斯市慢性病智能健康监测云平台系统，并为 65 周岁以上的老年人配备 21 000 台可穿戴智能化设备，推行“三师共管”模式，实现“三高共防”。

七是人工智能辅助诊断系统上线。在各公立医疗机构搭建了中医辨证论治智能辅助诊疗系统和人工智能辅助诊断系统，辅助提高基层医务人员的精准诊疗服务能力。

八是在旗中心医院建成准格尔旗数字健康驾驶舱，搭建全旗县域医共体一体化信息平台，让所有的健康信息服务系统在信息平台上实时展示，实现数据调取、统计、分析、决策等功能。

九是同步建立全旗胸痛中心微信工作群，为构建全旗心电一张网发挥补充作用。

十是健康服务的信息化通道建成之后，更加注重使用实效。旗卫生健康委设定量化指标任务，基层医疗卫生机构远程心电、B 超、影像每月使用最低不少于 30 例，远程医疗协同门诊每月不低于 90 次，让基层医务人员在使用和会诊中逐步提高诊疗服务水平。

2024 年，各个医共体内开展远程会诊 17 763 例（DR 远程会诊 14 379 例，CT 远程会诊 1 348 例，核磁远程会诊 123 例，远程 B 超诊断 409 例，远程心电诊断 1 504 例）。医共体内累计双向转诊 2 683 例（上转 871 例、下转 1 812 例）；“行走的医院”累计服务 1.46 万余人次，实现了“数据多跑路，百姓少跑腿”的目标。

四、突出实施绩效考核与医保支付方式的推动作用

（一）实施绩效考核，激励人员下沉

旗卫生健康委印发了《准格尔旗紧密型县域医共体绩效考核方案（试行）的通知》等文件，对专家下沉的补助，远程影像、B 超、心电、检验、远程会诊工作分别给予不同标准的绩效奖励措施，鼓励推动旗级医务人员能下得去、蹲得住、干得好，最大限度地调动旗乡两级医务人员良性互动、功能互补、协同高效、主动靠前服务的工作积极性。同时，注重绩效考核结果的应用，考核结果与县域医共体内评优评先、绩效工资总量核定、院长（主任）任免等挂钩。

（二）推动医保支付方式改革，为医共体建设提供保障

积极推动实施医保支付方式改革，探索实行县域医共体医保资金的“总额预算、打包付费”，建立“结余留用，合理超支分担”机制。结余资金作为县域医共体业务收入，主要用于绩效分配、人才培养、专科建设等，全面实行按病种分值付费。落实县域医共体医保基金使用内部监督管理责任。

五、县域整体服务能力得到明显提升

紧密型县域医共体建设通过一系列管理、责任、服务同质化制度构建和提技术、降负担举措，实现了连续协同、优质高效、主动、靠前、延

时服务，为基层老百姓提供就近、方便的优质医疗服务，达到老百姓就医“用时较短、服务较优、成本较低”的最终落脚点。

每周北京、上海、内蒙古自治区等地的全国知名三甲医院近 20 名专家常态化坐诊，新建多个名医工作室，建成名医传承基地“岐黄学者史大卓学术传承工作室”，实现国内知名三甲医院品牌、技术、人才平移到旗县。旗中心医院新增 28 项新技术服务项目，四大公立医院建成全区全市临床重点专科 17 个。2024 年，全旗公立医疗机构入院同比增长率为 8.0%，出院同比增长率为 27.6%。三四级手术占比 64.3%。旗外专家累计来准格尔旗坐诊 736 人次，诊疗患者 13 203 人次，手术 1 761 人次。县域就诊率为 89.9%，基层就诊人次同比增加 2.1 万人。

创新紧密型县域医共体双向转诊机制
全面推进连续医疗服务惠民生

浙江省绍兴市诸暨市卫生健康局

诸暨市卫生健康局深入推进紧密型县域医共体建设，先行先试打造省内首家县域一体的双向转诊平台，以数字赋能为引擎、机制创新为抓手、政策协同为保障、服务民生为本色，全域构建起连续医疗服务新格局，形成具有示范价值的“诸暨样本”。

一、工作举措

（一）数字赋能打造“三化”平台，破解连续服务难题

一是转诊网络全域化。强化县域一体化建设，在紧密型县域医共体基础上扩面提效，9 家县级医院、17 家乡镇卫生院全部入驻双向转诊平台，并延伸至 350 家村卫生室（站）和 3 家信息基础较好的民营医院，构建覆盖市 - 镇 - 村三级、公立民营融合的双向转诊平台，所有村卫生室预约挂号“村里办”、住院床位“村里约”，实现全域覆盖、上下联动、横纵贯通。同时，26 家公立医疗机构已对接浙江省双向转诊平台，满足疑难复杂疾病患者的上转需求。

二是转诊流程智能化。创新开发医生工作站嵌入式转诊系统，集成号源管理、数据共享、智能提醒等功能，实现转诊流程“一键发起”、检查数据“一屏阅览”、诊疗信息“一键抓取”，转诊耗时由 3 分钟压缩至 10 余秒。优化号源管理，建立“绿色通道 + 智能调配”机制，县级医院

剩余号源、床位数量实时显示，对预约转诊患者实行优先就诊、优先住院，预约转诊患者凭短信通知直接到入院准备中心办理住院手续，避免门诊再次就诊，实现预约转诊患者优先就诊率达 100%，住院等待时间压缩至 6 小时左右。

三是诊后管理精准化。组建“AI 健康管理师＋专科医生＋家庭医生”三师共管团队，打通医疗与公共卫生数据壁垒，构建个性化康复路径智能推送系统，实现医疗数据与公共卫生数据深度融合、专科医生与家庭医生紧密合作、医疗服务与公共卫生服务有效衔接。通过专科医生专业管理、家庭医生线下干预以及 AI 智能随访、移动端健康监测等数字化手段，实现出院患者随访率提升至 92%，康复计划执行达标率提高 45 个百分点。截至 2024 年年底，已在 4 家医院试点运行，覆盖 10 个临床科室、28 个专病管理路径。2024 年门诊、住院患者满意度分别达 94.49%、95.19%。

（二）闭环管理构建“三维”机制，筑牢服务质量防线

一是专班化推进机制。成立连续医疗服务工作专班，实行“清单管理＋红黑榜通报＋考核挂钩”三制联动，落实专题会商、专项督查、专人跟踪，实行日晾晒、周分析、月通报、年考核，将 24 项重点任务纳入机构年度考核。2024 年开展专项督查 12 次，整改问题 87 项，形成梯次滚动推进、定期对账销号、持续迭代升级的良好态势，基层医疗卫生机构服务能力达标率提升至 95%。

二是专业化管理机制。择优选任一名主治医师以上职称人员担任病区双向转诊“专管员”，严格把握住院指征，入院准备中心综合协调预约床位、入院时间、转诊宣教等其他事项，减轻“专管员”工作负担。创新“智能弹窗＋多端提醒”审核模式，当住院转诊信息实时推送到对应病区医生工作站时，实现弹窗提醒功能，同步将转诊信息通过钉钉、短信等多途径通知“专管员”、转入医生及时审核，住院平均答复时间降至 20 分钟，不合理转诊率下降至 1.2%。

三是指标化管控机制。紧抓转诊答复、入院等待、转诊宣教等关键环节，明确“一率两时间”质控指标，即患者履约率、平均答复时间、平

均等待时间。一方面，督促临床医生落实转诊环节的沟通与衔接，避免长时间不答复、入院不及时等低效转诊，减少患者转诊等待时间。另一方面，建立患者信用管理制度，对多次爽约、多次退号患者实行“黑名单”管理，提高医疗资源利用效率。2024 年转诊履约率提升至 89.6%，床位周转率提高 1.8 次 / 天。

（三）政策协同激活“三驱”动力，释放改革乘数效应

一是财政购买驱动。将双向转诊纳入财政当量购买，每有效上转或接受下转一名患者可获得 1 个当量补助，每住院床日可获得 3.5 个当量补助，有力提升基层双向转诊的积极性。

二是医保杠杆撬动。设立 1 500 万元分级诊疗专项基金，对基层医疗卫生机构通过平台双向转诊将三四级手术、高 RW 值疑难病例患者转诊到县级医院就诊的，予以专项奖励，提高主要外转病种县域内就诊率。2024 年，县级医院三四级手术占比提升至 42.9%。

三是康复补助拉动。联合残联建立“医疗 - 康复”衔接补助制度，对经县级医院治疗后，已脱离急性治疗期，且有早期康复训练价值的下转患者，给予最高每日 120 元补助，累计拨付救助资金 462.6 万元，从患者端减轻下转康复经济负担。

（四）立足需求优化“三向”服务，切实改善就医感

一是向后延伸分级诊疗链条。探索构建以“健康网格员”为基础、以全科医生为纽带、以专科医生为支撑的“十字型”医共体健康管理体系，按医共体分院辖区人户比，充实覆盖全辖区的健康网格队伍，主动摸排群众看病就医需求，基层接不住的患者通过全专科联动有序引导至总院，切实推进分级诊疗工作落实。以诸暨市人民医院为例，截至 2024 年年底，医共体分院累计上转总院住院 2 900 人次，同比增长 246.48%；其中上转三四级手术 264 例，同比增长 398.11%。

二是向前提升院前急救能力。不断优化院前急救服务体系，建成“1 个中心 +11 个急救分站”的院前急救网络服务，急救反应时间大幅缩短，院前心肺复苏成功率显著提升。截至 2024 年 9 月底有 38 例院前

心肺复苏成功案例通过省质控中心认定，居全省县级第一，成功率高达12.03%。推动救护车、调度中心、急诊室三方资源共享，急诊医生提前掌握救护车预计到达时间及患者信息、心电图，做好相应救治准备，院前急救与院内救治实现“零时差”，让患者“上车即入院”。

三是向下扩容老年健康供给。在老年人高频需求的基层就医场景，如挂号收费、诊治配药、入院登记、出院结算等，推广全流程刷脸应用，23 家基层医疗卫生机构均已实现看病就医刷脸通。聚焦全生命周期末端，推广家中住院“智医管”，将被动定时巡诊升级为主动按需上门，为行动不便、长期卧床的老年患者及重症终末期患者，提供更加便捷、暖心的医疗护理服务，近半数基层医疗卫生机构可提供家庭病床、安宁疗护服务。

二、取得成效

改革实施以来，全市构建起“基层首诊、双向转诊、急慢分治、上下联动”的分级诊疗新格局，形成“小病不出村、慢性病不出镇、大病不出县、健康有管家”的特色经验，实现医疗质量、运行效率、社会效益“三提升”。

（一）县域分级诊疗格局进一步优化

平台上线以来，月均转诊 3 985 人次，同比增长 319.5%，住院转诊占比达 27.7%。2024 年，各乡镇卫生院（社区卫生服务中心）门诊服务 265.9 万人次，同比提升 2.9%；住院服务 19 624 人次，同比提升 3.0%；县域就诊率达 90.45%，基层诊疗量占比提升至 67.62%。

（二）县级医院技术水平进一步提升

2024 年，县级医院开展手术 42 716 例，同比增长 8.62%，其中三四级手术量达 18 329 例，同比增长 5.11%，诊疗技术不断提升；医疗服务性收入占比达 39%，同比增长 2.5%，百元医疗收入的医疗支出 103.2 元，同比下降 6.5%，医院收支结构更加合理。

（三）县域连续医疗服务进一步完善

医共体总院主动引导诊断明确、病情稳定的患者向下转诊，基层成员单位着力提升康复医疗、诊后管理等承接能力。2024 年，医共体总院下转患者 1.75 万人次，同比增长 6.75%。

聚焦县域慢性病管理
促进基层医防融合发展

福建省泉州市安溪县卫生健康局

近年来，福建省泉州市安溪县认真贯彻落实以预防为主的基层卫生健康工作方针，加强重大慢性病健康管理，提高基层防病治病和健康管理能力。以发病率、致残率、致死率相对较高的高血压、糖尿病等常见慢性病为突破口，创新性地构建县域慢性病管理体系，有效提升医疗服务质量，取得了显著成效。

一、主要做法

（一）关口前移，构建县域慢性病管理体系

1. 构建县域慢性病管理架构　县域是慢性病管理的“主战场”，2018 年，安溪县医院牵头成立全省首个县域慢性病管理中心，构建以县域慢性病管理中心（设在安溪县医院）为指挥，慢性病管理分中心（设在各乡镇卫生院及社区卫生服务中心）为枢纽，慢性病管理点（设在村卫生所）为“前哨”的县、乡、村三级慢性病管理体系，以“持久战”理念，对高血压、糖尿病、脑卒中、慢性阻塞性肺疾病、冠心病、慢性肾脏病六种慢性病患者实施精细化、多样化、个性化的健康管理，将患者培养成自我管理疾病的“小医生”。真正做到把慢性病“管起来”，将基层“带起来”，让普通慢性病患者留在基层，疑难患者留在县级医院，最终实现把患者“留下来”，有力促进分级诊疗。

2. 完善慢性病管理机制 建立包括专科医师、健康管理师、全科医师、全科护士以及患者和患者家属的慢性病管理照护团队，让患者参与自我管理，改变以往患者被动接受的状态。**一是**以健康管理师为核心照护人员，实行责任制，分片分专科责任制管理患者，梳理慢性病高危人群，组织患者开展健康教育活动，提供无缝隙诊疗协调；**二是**通过人工智能系统支撑，由专科医师、全科医师主要承担医疗工作，协同健康管理师开展各项活动；**三是**鼓励患者自我管理健康档案、主动参与慢性病管理和科普学习及各种活动，形成互帮互助群体。以此实现慢性病患者不断将自己培养成自我管理疾病的“小医生”。

3. 创新成立慢性病管理中心一体化门诊 将高血压、糖尿病等慢性病的“诊前咨询、诊中治疗、诊后随访”紧密衔接，形成了一站式健康管理服务闭环，真正实现了患者就医的“零折返”，极大提升了慢性病管理的效率与质量。

（二）织密“健康网”，提升慢性病管理水平

1. 互联网 + 慢性病管理，破局管理效率低点 中心创新建立县域慢性病管理中心监管平台，覆盖县级医院、社区卫生服务中心 / 乡镇卫生院、村卫生所三级医疗机构，以大数据、人工智能、循证医学为线上支撑，打通医疗服务与慢性病管理以及基本公共卫生服务之间的壁垒，对慢性病患者的疾病情况进行长期监测分析，并通过医护患沟通平台，为慢性病患者提供专业的药物治疗方案、营养治疗方案、运动治疗方案，形成慢性病“院内小闭环”和“县域大闭环”，实现县域内慢性病全病程、一体化管理，把效率“提起来”。

2. 聚焦慢性病管理难点，做亮慢性病就医盲点 针对慢性病患者依从性差等认识盲区，中心组建 30 多支由县级医务骨干与乡村医生共同组成的慢性病管理健康小分队，对患者进行个性化指导，提高慢性病管理水平。**一是个性化治疗**。以高血压、糖尿病等六种慢性病管理为切入点，对病情控制不理想的患者进行包括症状、疾病史、过敏史、家庭史、用药等在内的全面健康信息评估，并制定个性化治疗方案、全程监测分析、药物营养及运动治疗方案等一系列干预措施，确保每位慢性

病患者有专人及时管理，有效解决了部分慢性病患者的真正服务需求。**二是信息化支撑。**借助慢性病管理系统，由县级医院专家、专科护士指导，带动基层医护人员建设“慢性病患者互助小组”和微信交流群，对系统内糖尿病、高血压等慢性病患者进行日常个性化针对性指导。**三是多样化宣教。**通过定期开展专病健康教育、群体查房、健康沙龙、老年大学、义诊、联谊会、线上直播、健康大讲堂等方式，多渠道向群众普及健康知识与技能，持续提升全民健康素养。

（三）肿瘤慢性病化管理，让患者获益最大化

2023 年 3 月正式成立了肿瘤防治中心，将对肿瘤患者的管理作为慢性病管理的延伸，为肿瘤患者提供“一站式”全流程及多学科协作的诊疗模式，为群众提供全方位、全周期、无缝隙的“防、筛、诊、治、管”一体的健康服务。截至 2024 年年底，管理患者 8 998 人，规范管理率达 84.5%，这一举措显著提升了患者的规范复诊、规范管理水平，选取已纳入管理的 4 194 名肿瘤患者的复诊率对比，由管理前的 61% 提升至管理后的 84%；其规范管理率由管理前的 38% 提升至管理后的 62.4%。同时，传统管理模式下的随访率也从 30% 提升至全周期管理模式下的 84.5%。这些成果不仅有效降低了患者的复发风险与死亡率，还切实减轻了患者的经济压力，避免了不必要的医疗开支与资源浪费。肿瘤防治中心自主研发的肿瘤智能筛查系统 V2.0 成功获得软件著作权，为进一步深化信息化建设奠定了坚实的基础。

二、主要成效

（一）管理效果“好”

截至 2024 年年底，全县慢性病管理体系共管理患者 43 047 人，其中县级 17 470 人，基层 25 577 人。高血压管理达标率由管理前的 39% 提升到管理后的 79%；空腹血糖达标率由管理前的 27% 提升到管理后的 58%，糖化血红蛋白达标率由管理前的 17% 提升到管理后的 40%，

基层医疗卫生机构高血压、糖尿病患者管理达到“两提高”，其患者在基层医疗卫生机构诊治高血压的人次同比增长 11.99%，糖尿病人次同比增长 9.07%。选取 2019 年纳入管理体系的患者 4 349 人作为参照对比，自 2019 年起，门诊药品费用、患者住院人数、住院次数以及住院天数等关键指标均呈现出逐年递减的趋势。截至 2023 年底，门诊药品费用同比下降 23.64%；患者住院人数同比下降 21.43%；住院次数同比下降 17.90%；住院天数同比下降 26.19%。切实提高了百姓的健康水平，有效减轻群众就医负担，节约了医保资金，带动基层提高了慢性病管理能力。

（二）照护团队“精”

健康促进讲师团的宣讲活动覆盖到农村、社区、机关事业单位、学校、企业、食堂、餐饮单位、建筑工地等各个区域，实现慢性病健康教育的广覆盖，越来越多群众从“要我学”到“主动学”。全县对健康教育知识形成了全覆盖、多层面、高频次的宣传教育格局，使慢性病防治知识家喻户晓，让老百姓“知其然，知其所以然”。群众的健康观念逐步形成，健康行为逐渐养成，有效促进了群众“不生病、少生病”，筑牢慢性病防治防线。

构建智慧医共体 信息化引领发展新篇章

山东省济南市平阴县卫生健康局

2024 年，平阴县以“破局者”姿态，把守护群众健康作为改善民生福祉的重要任务，以建成智慧化紧密型县域医共体为抓手，全力推进县域医疗卫生体制改革，以全民健康信息平台为载体，有效推动卫生工作重心向居民健康转移，探索出一条县镇村三级医疗卫生机构职责清晰、群众就医便捷、优质高效的“新路子”，为推动全县卫生健康事业高质量发展提供了保障。

一、聚焦“三个”强化，完善体制机制

（一）强化组织保障

县委、县政府高度重视，成立县委书记、县长双“挂帅”的深化医共体建设改革联席会议，负责全县医共体建设的组织领导与监督管理。印发《平阴县深化紧密型县域智慧医共体建设改革方案》（平发〔2024〕11 号），明确 3 项建设内容、9 项重点任务，为全县深化医共体改革明确了路径。

（二）强化体制建设

形成“1828”组织架构。“1”即：成立县深化医共体建设改革联席会议办公室（以下简称县医改联席办），承担全县医共体建设日常管理工

作。“8”即：依托县卫健局和相关成员单位职能科室成立“八大管理中心”，负责统筹和推进医共体内的规则制定、规划建设、服务保障和考核监督等事项。“2”即：组建以县人民医院、县中医医院为牵头医院的两家医共体总院，全县 177 家公立医疗机构全部纳入改革范畴。第二个“8”即：医共体总院分别设立“一办七部”，与“八大管理中心”职能对应，在其监管下开展工作。

（三）强化制度建设

县医改联席办牵头制定医共体制度汇编，包含《平阴县紧密型县域智慧医共体章程》《重大事项请示报告制度》《医共体薪酬指导意见》等 15 个规章制度，成为指导规范医共体内部决策运行、推动医共体高质量发展的重要依据。两家医共体总院根据制度汇编进一步制定完善实施细则 111 个。

二、突出“一网”赋能，搭建数字“指挥部”

2018 年通过区域互联互通四级甲等测评，县人民医院电子病历应用评级 5 级，县中医医院电子病历应用评级 4 级，全部基层医疗卫生机构达到 3 级应用水平，信息化建设优势明显。

（一）完善数据“大脑”

优化医共体管理平台及医共体监管平台功能，可实时调取医疗质量、运营效率、公共卫生、妇幼保健等相关数据，为监测与评价医共体建设进展和效果、加强医疗服务监管提供参考。

（二）新增服务路径

在原有五大共享中心（双向转诊中心、远程会诊中心、心电诊断中心、医学影像中心、医学检验中心）基础上新建医学病理中心、消毒供应中心、药房质控中心（中心大药房），形成八大资源共享中心。上线医共体人事管理和固定资产管理两大模块，即将上线预算管理及成本控制两大模块，后续计划上线绩效考核系统，全面推进医共体内“人财物”统一管理。

（三）推广人工智能

县级医院已先后上线冠状动脉计算机体层摄影血管造影智能辅助诊断系统、肺结节人工智能辅助诊断系统、消化内镜智能控制与辅助诊断系统、虚拟支气管镜导航、虚拟现实应用等系统，充分发挥人工智能在疾病诊断中的辅助作用。

（四）提升服务质效

充分发挥信息化“三镜”作用，助推紧密型县域智慧医共体高质量发展。**“望远镜”作用。**2024 年“点对点”开展远程类服务 3 万余人次，组建低空物流体系，通过无人机运送区域检验样本。**“放大镜”作用。**建设覆盖县、镇、村三级的审方中心系统，2024 年 10 月上线至 2024 年年底已智能审核处方 7 万余张，强制修改处方 1 006 张，有效保障了患者用药安全。**“显微镜”作用。**建设覆盖县、镇、村三级的第三代“心电一张网”，发放可穿戴式智能蓝牙心电采集设备 170 余台，2024 年 8 月上线至 2024 年年底已采集基层心电 4 656 份，智能预警 275 次，已成功挽救 20 例急性心肌梗死患者生命。

三、深化“四个”建设，创新协同发展模式

（一）深化管理共同体建设

统一人员管理。赋予总院人事管理权，促进总院内人员上下合理流动，2024 年遴选 23 名医疗卫生人员跨单位流动，其中 2 名县级年轻业务骨干到基层医疗卫生机构担任院长，11 名县级优秀医务人员担任挂职副院长，同时基层分院 10 名业务骨干到总院进修学习。**统一财务管理。**赋予总院财务管理权限，以总院为单位建立“统一管理、分户核算”的财务管理体系，总院财务管理部对各分院财务收支实行集中统一

管理。**统一资产管理**。赋予总院资产管理权限，总院负责对所有建设工程、设施改造和大型设备采购等项目统一管理，相关诊疗设备在保持所有权不变的情况下，在总院内统一调配使用。**统一药械管理**。总院中心大药房负责药械集中统一采购，已制定全县统一用药目录 1 269 种，上下级用药目录衔接率达 91.56%，后续将延伸至医疗器械。

（二）深化服务共同体建设

统一业务管理。总院负责对基本医疗、公共卫生、家庭医生签约、老年查体等统一管理，加强基层学科及人才队伍建设。2024 年总院下派 65 名医护人员到基层开展技术帮扶，服务群众 2 万余人次。**统一质量管理**。总院负责建立统一的医疗质量控制标准和评价体系，有效实现医共体内医疗质量的同质化管理，2024 年总院新增质控中心 6 个，全县质控中心达到 32 个，共开展病历质量巡查 6 次，评价病例 228 份，有力推进医疗质量精细化管理。**统一健康管理**。总院成立慢性病管理中心、分院成立“三高基地”、村卫生室成立“三高之家”，建设“三高六病”管理系统，目前全县 2.5 万人被纳入专病管理，已为 1.6 万名患者制定年度健康管理计划。总院制定双向转诊规则并引入信息化自动提醒，引导规范上下转诊，2024 年基层上转 3 228 人、县级医院下转 3 561 人。

（三）深化责任共同体建设

县级强，整合资源促提升。县级医院拥有省级重点专科 6 个、市级重点专科 10 个、特色专科 2 个、中医扁鹊精品专科 4 个。申报新技术、新项目 18 项，申报“2024 年济南市卫生健康委科技计划项目”14 项、发明专利 1 项。建成国家级胸痛中心 2 个、国家级卒中中心 1 个、省级卒中中心 1 个、市级危重孕产妇救治中心 1 个、市级危重儿童和新生儿救治中心 1 个、市级癌症中心 2 个、市级腹痛中心 2 个、市级脊柱关节疾病诊疗康复中心 2 个。**乡级活，上引下联为根基**。强化重点中心卫生院建设，两处重点中心卫生院服务能力提升至二级医院标准，强化层流手术室、消化内镜、口腔诊疗、康复、视力防治、健康管理等科室建设，购置更新 CT、口腔 CT、电子胃肠镜等先进医疗设备，开展妇科、骨科等微创手术，让群众在基层就能享受先进的医疗服务，构建起辖区内“30 分钟重点疾病救治服务圈”。8 处基层医疗卫生机构分别打造儿科、康复、医养结合等 9 个特色专科，逐步构建医疗层次分明、特色专科鲜明的诊疗格局。**村级稳，走村入户保健康**。全县 158 所村卫生室全部纳入镇村一体化管理体系，全部完成 6S 规范化建设，115 所村卫生室实现产权公有。2024 年，在完成 32 所村卫生室“三年提升行动”任务的基础上又改造完成 36 所，村卫生室服务能力得到明显提升。

（四）深化利益共同体建设

统一绩效考核。县医改联席办负责制定医共体总院绩效考核办法，将医共体建设任务实施、基层队伍结构改善、服务能力提升、分级诊疗落实、县域就诊率及基层诊疗量作为考核主要指标。总院负责制定内部绩效考核办法并定期组织实施，将成员单位履行功能定位职责、分工协作、能力提升、遵守章程、医疗业务、基本公共卫生、医保控费等作为绩效考核主要内容。**优化资金分配**。县医改联席办将牵头制定医保基金付费管理办法和财政补助资金预算管理办法，落实医保基金总额付费，将医保基金、财政补助资金、公共卫生资金与总院绩效考核挂钩，总院根据各成员单位考核成绩将资金进行再分配，适度拉开梯度档次。**科学制定薪酬**。实行“公益一类保障与公益二类管理相结合”的运行机制，落实“两个允许”要求，薪酬分配向临床一线、关键岗位、业务骨干倾斜，行政管理人员平均绩效工资不超过临床一线平均绩效工资的 90%。

构建县域数字健康服务新体系
助推分级诊疗　惠及基层群众

广东省肇庆市怀集县卫生健康局

怀集县贯彻落实党的二十届三中全会关于深化医药卫生体制改革决策部署，深化以公益性为导向的公立医院改革，大力推进怀集县紧密型县域医共体建设项目，全面构建县域数字健康服务新体系，基本实现人民群众“头疼脑热在镇村解决、常见病多发病在县解决”的工作目标。

一、工作背景

怀集县自2020年启动紧密型县域医共体建设工作以来，围绕“一年打基础、两年见成效、三年大发展”的目标，建设和发展具有本地特色的“1+19+N”县域医共体，着力打造全省紧密型县域医共体建设高质量发展综合试验区。以医共体总医院为龙头，按二级医院的标准分片区重点打造8个分院，推动医共体各分院差异化错位发展模式，全面构建县域医共体“总院＋分院”“专科＋全科”“全县域运作、上下贯通”的一体化服务模式。

二、主要做法

（一）信息数据“全”起来，医防融合促发展

投入近2 000万元建设“怀集县人民医院医共体信息化平台”，统

一医共体信息系统的数据标准、通信标准和服务标准，通过数字化、智能化等手段对健康档案信息、电子病历资源、综合监管进行统一治理和管理。2024 年，高血压患者分标管理共 34 878 人，管理任务完成率达 100%，对重点患者（红标人员）跟踪随访、督促其转至县级医院管理治疗 438 人次；糖尿病患者分标管理共 13 625 人，管理任务完成率达 100%，对重点患者（红标人员）跟踪随访、督促其转至县级医院管理治疗 203 人次。

（二）信息数据“通”起来，诊疗服务全程跟

怀集县医共体各医疗机构业务系统全部统一，实现县、镇、村三级医疗卫生机构——1 个总院 +（19+2）个乡镇卫生院 +10 个试点村卫生站信息全覆盖，HIS、PACS、LIS 等系统互联互通、无缝衔接、高效协同，不断提升诊疗服务便捷化水平。2024 年医共体分院上转到总院的患者 5 332 人次，同比下降 4.11%；医共体总院下转到分院的患者 6 973 人次，同比增长 118.1%。

（三）信息数据“活”起来，医疗资源齐共享

一是建设“五大中心”，信息技术赋能。加强“影像中心”“检验中心”“心电中心”“远程会诊中心”“慢性病管理数据中心”5 个共享平台建设，通过数据资源共享交互，避免医共体内医疗机构的功能重复设置，降低医疗费用，提高诊疗效率，共为患者节省费用约 46 万元。**二是信息互联互通，建立新协作模式。**医共体总院与分院之间以及各分院之间均实现了信息化互联互通，检查检验结果互认共享，推动数据共享和业务协同，构建“下级检查、上级诊断”的分级诊疗模式，让患者享受镇级收费标准、县级诊疗服务，首诊在基层，减轻患者看病就医负担。2024 年，总院帮扶分院完成了影像诊断 65 000 人次，心电诊断 1 071 人次，检验诊断 259 743 人次。完成了基层影像检查、上级诊断互认（X 光）26 735 例，基层影像检查、上级诊断（B 超）互认 36 557 例，为患者提供快捷、高效、智能的诊疗服务，全程、实时、互动的健康管理模式逐渐形成。

（四）信息数据“跑”起来，群众就医更便捷

以群众就近就便就医的需求为导向，简化诊疗流程，让患者就诊更方便更省心。**一是落实同质化管理**，进一步落实分级诊疗机制，对慢性病进行了分级、分标、分片管理及诊治服务。**二是建设“智能医生小助手”，对居民就诊信息实时监控**。借由系统的运作共建档 2 165 份，通过 AI 质控功能，对居民健康体检报告、随访结果批量审核并进行异常提醒，截至 2024 年年底共发生 4 362 次异常提醒。

（五）信息数据“准”起来，运营管理规范化

通过信息化建设，实现医共体内各医疗机构的运营数据实时收集整理，建立定期分析评估机制，及时作出管理决策，2023 年基层分院平均住院日比同期缩短 2.9 天，住院次均费用下降 19.68%；药品耗材成本率下降 5%；基层诊疗水平稳步提升，紧密型县域医共体建设快速推进。

三、主要成效

县域数字健康服务新体系促使县级医院的优质医疗资源向基层下沉，推动完善“县招县管县镇共用”人才入县下乡机制，有助于弥补基层医疗资源的不足，让群众在当地就能享受到较高水平的医疗服务，减少城乡之间的医疗资源差距，推动城乡医疗卫生服务优质均衡发展，持续提升基层医疗卫生服务能力。2024 年 10 月怀集县以《肇庆市怀集县抓紧抓实紧密型县域医共体建设》被省委改革办选为首批 10 个民生领域改革主题典型案例；相关经验在中央政策研究室《学习与研究》刊登。

“怀集县人民医院医共体信息化平台”，构建县域数字健康服务新体系，真正实现县、镇、村三级医疗卫生机构信息全覆盖、互联互通、互认共享，让医疗数据信息“全、通、活、跑、准”起来，全方位全周期保障了基层群众健康。

以数字赋能医共体建设 有效满足基层群众就医需求

重庆市南川区卫生健康委

习近平总书记指出，要推进县域医共体建设，改善基层基础设施条件，落实乡村医生待遇，提高基层防病治病和健康管理的能力。南川区深入学习贯彻习近平总书记关于健康中国的重要论述，把推进城乡医疗资源互通共享摆在重要位置，坚持改革创新和数字赋能双轮驱动，积极探索基本公共卫生服务均等化、基本医疗服务均质化路径，为保障人民群众健康提供有力支撑。

一、改革动因

南川区属渝东新城，幅员 2 602 平方公里，辖 34 个镇街，总人口 70 万，城乡医疗资源分布不均，以数字赋能医共体建设之前，主要有三个方面的挑战。**一是医疗数据分散造成群众就医多次跑路。**在前期信息化建设中，各医疗机构没有统一技术标准和应用系统，信息壁垒严重，医疗数据难以共享集成，老百姓看病就医存在多头建档、重复检查、多次跑路的情况。**二是基层医疗资源匮乏难以满足群众就近就医需求。**乡镇卫生院诊疗技术、力量薄弱，城乡医疗信息不互通共享，基层医疗卫生机构就诊率低、城区医院人满为患，群众就近就医难实现。**三是医疗监管体系不健全影响群众信任度。**以往，普遍采用线下、现场的方式对医疗卫生、公共卫生服务进行监管，耗时长、效率低，对药品采购销、人员执业等重点环节监管难以做到全覆盖，一定程度影响群众对医疗行业的信任度。

二、改革举措

（一）整合数据资源，夯实医共体建设底座

一是整合医疗业务数据。依托区域数字健康平台，整合医疗服务、公共卫生、卫生监督等28项功能重叠、业务趋同的应用，贯通医院信息、公共卫生服务、家庭医生签约等信息系统，打破信息壁垒，实现医疗服务和公共卫生服务数据共享、功能融合、业务协同。**二是强化数据治理监管。**坚持“一人一档”“一事一档”，逐一匹配医疗数据，建立区域医疗卫生信息数据库，集成55.51万份居民个人电子健康档案、2 060万条医疗卫生数据，构建“区级医院为龙头、乡镇卫生院为枢纽、村卫生室为基础”的医共体数据监管体系。**三是加快智慧医院建设。**迭代医院运营管理平台，优化医院管理系统、实验室系统、影像管理系统，落实预约挂号、自助打印、诊间叫号等便民措施，实现“就医服务一件事”。全面上线互联网医院、“互联网+护理”、智慧药房，线上线下相结合，满足人民群众多样化、多层次的健康服务需求。

（二）健全服务体系，推动优质医疗资源下沉

一是通过数据质量监管缩小城乡医疗差距。探索建立中心卫生院托管一般乡镇卫生院的紧密型医共体，依托区域数字健康平台，对全区所有医疗机构的管理、服务、人事、利益、发展、责任等数据进行质量监测、管理调度，实现医共体内医疗质量均衡化。**二是通过“区聘乡用”应用场景推动人才下乡。**构建区级、乡镇和个人三级信息框架，贯通闭环跟踪、服务保障、绩效评价等环节，定期提取分析“区聘乡用”人员接诊工作量、人才培养、业务培训、带教带学等数据，同步完善编制动态调整、业务考核和激励机制，引导卫生专业人才向基层流动。2024年，累计下派医师90名，中级以上职称医务人员42名，累计提供诊疗服务4 458次。**三是通过“五大中心”纽带实现远程诊疗服务。**依托区内三甲医院，搭建远程心电诊断、影像诊断、病理诊断、临床检验、消毒供应

“五大中心”，为基层医疗卫生机构配备全自动生化分析仪、B 超、DR、CR 等设备，形成“乡镇检查、三甲诊断，一级医院收费、三级医院服务”就医格局，年均服务患者 5.7 万余人次。

（三）强化联防联控，扣紧医疗监管链条

一是健全决策支撑体系。依托数字健康平台，上线数据分析监管模块，集成医疗卫生、计划生育、医疗保障等 8 大领域数据，定期提取医疗服务收入、门诊及住院诊疗人次等运行数据，实时监测、动态预警。开发家庭医生签约移动端应用程序，为居民提供个性化随访服务与健康引导，移动端实时上传基础信息、决策端随机抽查考核家庭医生服务情况，确保服务真实有效。**二是延伸疾控监测触角。**自主谋划并上线“学校晨午检管理系统”，按照班主任录入数据、校医线上核实、医疗机构复核、校领导审核、疾控中心备案流程，整合教育、疾控端数据，动态跟进学生健康状态，实现对学生体征特征全流程跟进、全方位掌控。2020 年以来，排查录入病假 39 396 人次，推送各类疑似传染病就诊数据 52 176 人次。**三是建立联合监管机制。**建立药品采购数据共享合作机制，将平台开放端口延伸至医疗保障局，监管专员可随时进入平台，查看药品进销存 HIS 数据，并与药交所数据综合比对，核查药品采购情况，将异常数据及时导入平台预警，有效规范药品购销行为。开展诊所智能监管系统建设，通过人脸识别比对在岗医生与执业注册医师人脸信息，及时推送终端预警，有效防范个体诊所医务人员职责履行不到位、非法执业等问题。

三、改革成效

（一）实现医疗资源互通共享

数字化健康平台率先通过国家互联互通成熟度测评四级乙等（地市级）评价，医共体内医疗服务、公共卫生等数据“一张网”基本形成，归集全生命周期医疗公共卫生数据并向居民开放，经患者授权后可自

由流通。通过医防融合平台调阅档案信息 7 万余次，建立电子健康档案 55.51 万份，电子建档率达 97.01%，重点人群公共卫生服务管理 152 万人次。

（二）夯实分级诊疗就医格局

区域医疗机构点多面广、兼顾难度大等问题得到有效解决，形成“乡镇检查、区级诊断、中心卫生院治疗”的就医格局。截至 2024 年年底，实现 100 余种常见病、多发病在基层医疗卫生机构首诊，基层诊疗量占比由 52% 提升至 65.12%，基层医疗服务收入增长 13.0%，每年为农村居民节约交通费、住宿费、医疗费 2 200 余万元，既解决了基层医疗卫生机构发展问题，又解决了农村居民就近看病就医难题。

（三）提升群众就医满意度获得感

依托信息化搭建服务桥梁，数字转型赋能便捷就医新场景，有效满足人民群众多样化、多层次的健康服务需求，切实提升了群众就医满意度与获得感。在 2023 年全市公立医院满意度评价中，“群众门诊、住院满意度”均位列全市区县第一。

“智慧医共体”引领铜梁区健康服务新生态

重庆市铜梁区卫生健康委

铜梁区自2019年被确定为国家级紧密型县域医共体改革试点区县以来，紧紧围绕“提升区域服务能力、构建有序就医格局、夯实分级诊疗制度”的改革主线，以打造全生命周期健康服务体系为目标，以信息化建设为抓手，整合医疗资源、降低医疗成本、推进医保改革，初步形成了“区强、镇活、村稳、上下联、信息通”的高质量发展格局。改革实施以来，基层诊疗量占比超65%，居民健康素养水平提升至34.38%，医共体“三通”改革成效逐步呈现。

一、统筹规划，构建医共体新体系

（一）高位领导、统筹决策

成立由区政府主要领导任组长，分管领导任副组长的医共体“三通”建设试点工作领导小组，负责研究、部署医共体“三通”建设、发展等重大事项，定期听取工作报告，统筹决策运行中的重大问题。区委、区政府将紧密型县域医共体建设纳入年度重点改革内容，写入政府工作报告，建立季度督查反馈机制。

（二）规划路径，构建体系

印发《铜梁区医共体“三通”建设工作方案（试行）》，明确医共体建设发展思路和实施路径。建成以区人民医院和区中医院为龙头，28 家镇街医疗卫生机构为枢纽，536 个村卫生室为基础的两大医共体，形成区镇村分工协作、三级联动、高效运转的区域整合型医疗卫生服务新体系。医共体牵头医院成立理事会，制定完善制度章程，明确各成员单位责、权、义，建立“责任共担、利益共享”机制，并对成员单位建设、目标考核、干部任免等重大事项拥有建议权。

（三）资金保障，共享利益

落实政府办医主体责任，2024 年，区财政安排 4 554 万元用于 3 家公立医院“六大项”补助，预算 400 万元用于基层医疗卫生机构设备购置等能力提升，预算基层医疗卫生机构运行经费 1.53 亿元。近三年，累计投入 7 013 万元实施一批重大基层卫生建设项目，投入 3 826 万元为基层新增医疗设备 1 645 台（套）。用好基层卫生发展资金池和纵向技术协作资金池，构建医共体内部利益共享机制。2024 年，“双资金池”累计筹集资金 871.17 万元，累计支出 591.52 万元。

二、职责明晰，协同发展新路径

（一）牵头医院聚焦“治大病”

区中医院顺利通过“三甲”中医医院、国家中医住院医师规范化培训基地周期性复审，区人民医院成功创建三级甲等综合医院，铜梁跻身拥有“双三甲”医院的区县行列。牵头医院建成国家级、市级临床重点（特色）专科、学科 33 个；建成卒中、胸痛、创伤、危重孕产妇救治、危重新生儿救治“五大中心”，建立区域内快速、高效、全覆盖的急危重症救治网，逐步实现“区强”。

（二）乡镇医院聚焦“看小病”

通过牵头医院专家下沉“传、帮、带”方式，提升基层服务能力，虎峰镇中心卫生院、平滩镇中心卫生院等获评重庆市甲级基层医疗卫生机构。确立 2024 年度铜梁区特色科室建设项目 11 个（申报 12 个），验收 2022 年度区级临床重点专科 3 个。

（三）村卫生室聚焦“防未病”

村卫生室负责辖区居民基本公共卫生，聚焦“防未病”，每年度为 65 岁以上老年人进行免费体检，每季度为高血压、糖尿病患者进行诊疗随访，引导转诊，参与家庭医生签约服务和居民健康管理；将村医等同于基层分院职工统一管理，筑牢了健康服务村级网底，做到了“村稳”。

三、技术下沉，基层服务新提升

（一）医疗技术上下贯通

在医共体内推行医疗质量一体化管理，成立区级质控中心 26 个，建立同质化管理机制，实行统一评价和结果运用。持续开展基层医疗卫生机构等级创建、区县域医疗卫生次中心、社区医院创建，强化基层首诊 66 个病种诊疗能力，促进基层诊疗技术与上级医院同质。

（二）药事服务上下贯通

推进医共体内上下级医疗机构 13 种慢性病用药衔接，动态调整用药清单，牵头医院、基层医疗卫生机构目录内药品配备率分别达到 90%、60% 以上。建成基层医疗卫生机构合理用药系统，并赋予区级医院处方审核权限，保障患者安全用药。

（三）区域数据互联互通

通过信息化技术搭建数据治理“流水线”，智能抓取全区 41 家医疗机构 51 个数据库的 24.48 亿条数据，通过一体化数字资源系统调用医保、民政等部门数据 405.8 万条，实现区域医疗数据互联互通和跨部门数据调用。融入渝快政、渝快办平台及“三级治理中心”，开发上线“三端”，建成家庭医生签约服务闭环体系，“家医有约”应用成功纳入全市

“一本账”和“三个一批”复制推广名单。注重由重点能力向基本能力跨越，探索开发离院康复、专病管理、医疗医保双轨监管等场景应用，集成医保处方流转、特殊药品配药入镇、监测欺诈骗保和重复检查等功能，构建上下联动、智慧多跨的连续健康服务体系。出台《家庭医生签约服务效果评价制度》等配套制度，推动重点人员协同服务、医疗医保有效控费等 5 项关键性改革，实现体系重构、制度重塑、流程再造。

四、人员流动，优化服务新机制

（一）人才下沉，服务基层民生

用活用好区中医院、区人民医院创新编制管理核定的备案制人员指标，扩大牵头医院人员配置规模，为推动人员下沉留足空间。聚焦基层所需、群众所盼、区级所能，采取基层点单、区级接单、系统联动方式，推进医务人员“区聘镇用”“镇聘村用”。2019 年以来，共下派“区聘镇用”人员 131 名、“镇聘村用”人员 82 人，帮助基层开展新技术新项目 44 项、创建区级特色科室 8 个。

（二）患者分流，优化就医秩序

充分发挥医保杠杆作用，建立完善医保费用支付机制。建成双向转诊系统，健全完善转诊管理办法，畅通转诊绿色渠道，推动病患转诊上下贯通。2024 年，医共体内上下转诊 654 人次，较 2023 年提高 9.55%。

（三）资源配置，引培医疗人才

突出“高精尖缺”导向，实施“一事一议”引才机制，招引硕士、大学生乡村医生等各类卫生人才 60 人，推荐申报重庆市医学领军人才、基层优秀卫生专业技术人才等项目 22 人次；建立完善“人才周转池”，明确 15 名周转编制用于满编单位招聘急需紧缺专业人才，缓解人才紧缺矛盾。

凝心聚力谋发展　踔厉奋发促改革
奋力谱写紧密型县域医共体建设新篇章

新疆维吾尔自治区阿克苏地区拜城县卫生健康委

为进一步向纵深推进紧密型县域医共体建设，拜城县着力在内涵建设和能力提升上下功夫，积极探索创新，推动重塑三级体系、重造服务链条、重建协同机制，综合实力显著提高，基层阵地全面提质，运行质效稳定提升，区域资源集合提效，健康指标持续提优。

一、聚焦“三个立足”，实现三级体系“向新”

（一）立足“统”字凝聚共识，充分汇聚发展合力

县委、县政府主要领导亲自研究部署，着力解决改革过程中的难点堵点问题，落实政府办医主体责任。2024 年，安排资金 1.53 亿元用于化解公立医院债务；2023—2024 年，累计投入资金 8 000 万元，完成公立医院高质量发展示范项目、基层服务能力阵地项目（新建 9 个乡镇卫生院中医馆、18 个村卫生室、1 个县域眼视光中心）及其他民生保障项目 23 项，有效推动县域医共体建设工作向纵深发展，实现医疗资源均衡配置。

（二）立足“改”字破解难题，推动改革不断深化

针对政策供给与医共体建设匹配度、管理效益与利益分配联动度以及基层服务能力与分级诊疗承载度“三不高”等痛点和堵点，印发

了《拜城县加快推进县域紧密型医共体高质量发展实施方案》，将疾控中心、妇幼保健院纳入医共体框架，进一步完善县乡村三级公共卫生体系、医共体融合型管理体系，重组医共体牵头模式（由原来的中医院“1+3”和人民医院“1+12”，调整为县人民医院“1+14”个乡镇卫生院，中医医院牵头成立中医药传承发展中心，负责 14 个乡镇卫生院中医药适宜技术推广），打造优质高效整合型医疗卫生服务体系，推动各乡（镇）分院同质化管理。

（三）立足“衡”字持续发力，实现县乡协同发展

资金使用按照“补助 + 自筹”的原则，完善医共体“运行基金池”，2024 年基金池注入 265.25 万元，使用 200.57 万元，解决医共体运行、重点专科建设、乡（镇）卫生院发展不均衡等问题。财务运行实行“透明”监管，医共体财务管理中心实行经费支出全覆盖审核、重大经济事项全过程监督，全县基层医疗卫生机构资产负债率控制在 40% 以内。

二、聚焦“三个维度”，促进服务链条“出新”

（一）“点”上强龙头，实现服务专业化

完善胸痛、创伤、危重孕产妇救治、危重儿童和新生儿救治等医疗集群建设，推进院前急救与医院救治流程有效衔接，自治区二级卒中中心成功落地，国家级胸痛中心基层版通过验收，实现基层胸痛救治单元全覆盖，顺利通过自治区第三批老年友善医疗机构建设审核验收，拜城县中医医院、人民医院在自治区医院管理中心绩效分析报告中 CMI 值在全疆同级医疗机构中分别排第 2 名、第 8 名。

（二）“线”上抓延伸，实现服务均衡化

着力破解基层发展不均衡难题，建立总院下沉资源、分院上派学习机制，采取技术支持、人才培养、骨干下沉等方式，选派 28 名临床科室中层，35 名对口支援骨干，“输血式”提升基层管理服务水平，推动优质

医疗资源向基层延伸。2024 年，总院下沉帮扶基层 1 400 余人次，指导开展常规二三级手术 32 例，开展新项目新技术 35 项，完成 26 期临床医师、公共卫生医师、家庭医生、中医药适宜技术培训 1 879 人次，组织 B 超、心电图、X 光、检验专业技术人员 65 名跟岗进修、165 名村医 5 批次全科医师考前集训，55 名村医参加了国家执业助理医师资格考试，通过率为 74.5%。

（三）“面”上求突破，实现服务多元化

推动乡（镇）分院慢性病一站式综合服务门诊全覆盖，为慢性病患者提供诊前、诊中、诊后一站式规范化服务，通过专科医师、全科医师、健康管理师“三师共管”模式，积极为群众提供覆盖全生命周期的慢性病管理服务，有效推动医防融合措施落实。积极发挥总院中心药房优势，在各乡（镇）卫生院设立“总院便民药柜”，通过基层医院摸排需求，总院配送管理，下沉医师开具处方的方式，满足各类群体用药需求，做好药品“最后一公里”供应保障工作。依托铁热克镇天然康养资源，发挥中医“治未病”独特优势，实施中医康养发展示范基地建设项目，打造“拜颐坊”特色中医康养品牌，通过研发中医药产品、实施中医药疗养、开展中医药宣教，切实将中医药产业培育为支撑乡村振兴的特色产业、强县富民的优势产业、可持续发展的生态产业。

三、畅通“三大服务”，推动协同机制“创新”

（一）畅通双向转诊服务，护航急诊急救“生命线”

明确双向转诊目录，优化转诊流程，在医共体内建立转诊绿色通道，总院对基层转诊患者免挂号、优先检查、优先取药、优先住院。积极打造“一键呼叫、接诊即出诊、上车即入院”急救服务模式。2024 年，上转患者 1 116 人次，下转患者 13 241 人次。建立分院急救站 1 个，急诊急救时间平均缩短 30 分钟。

（二）畅通信息化服务，搭上智慧医疗“直通车”

大力推进“互联网 + 健康服务”，积极推动智慧医院建设，总院建成心电诊断、医学影像、医学检验等共享中心，技术直接延伸到分院，推动“数据多跑路、群众少跑腿”，实现资源共享、信息共通、结果互认。2024 年，开展分院会诊 342 例、心电 1 542 例、影像 114 220 例。

（三）畅通错位发展服务，守住医疗救治“主阵地”

明确医共体各成员单位功能定位，建立权责清单，县级医疗机构重点发展不同特色专科，通过与上级优质资源协作，建立专科联盟 28 个，乡镇卫生院重点诊治基础疾病，基本实现基础病不出乡（镇）、大病不出县。2024 年，全县总诊疗人次同比增长 40.8%，基层诊疗人次同比增长 74.81%，外转率同比降低 66.55%。